Como ser bem-sucedido nos dias de hoje

Como ser bem-sucedido nos dias de hoje

Dale Carnegie

Título original: *How to Succeed in the World Today*

Copyright © 2013 por JMW Group Inc.
Copyright da edição revisada © 2022 por JMW Group Inc.
Copyright da tradução © 2023 por GMT Editores Ltda.
Este livro foi originalmente produzido em 2013 a partir da transcrição de áudios.

Todos os direitos reservados. Nenhuma parte deste livro pode ser utilizada ou reproduzida sob quaisquer meios existentes sem autorização por escrito dos editores.

tradução: Paulo Afonso
preparo de originais: Cláudia Mello Belhassof
revisão: Anna Beatriz Seilhe e Luis Américo Costa
diagramação: Miriam Lerner | Equatorium Design
capa: Duat Design
impressão e acabamento: Cromosete Gráfica e Editora Ltda.

CIP-BRASIL. CATALOGAÇÃO NA PUBLICAÇÃO
SINDICATO NACIONAL DOS EDITORES DE LIVROS, RJ

C286c
    Carnegie, Dale, 1888-1955
        Como ser bem-sucedido nos dias de hoje / Dale Carnegie ; [tradução Paulo Afonso]. - 1. ed. - Rio de Janeiro : Sextante, 2023.
        160 p. ; 23 cm.

    Tradução de: How to succeed in the world today
    ISBN 978-65-5564-663-4

      1. Autorrealização (Psicologia). 2. Sucesso. I. Afonso, Paulo. II. Título.

23-83427   CDD: 158.1
                                          CDU: 159.947.5

Gabriela Faray Ferreira Lopes - Bibliotecária - CRB-7/6643

Todos os direitos reservados, no Brasil, por
GMT Editores Ltda.
Rua Voluntários da Pátria, 45 – Gr. 1.404 – Botafogo
22270-000 – Rio de Janeiro – RJ
Tel.: (21) 2538-4100 – Fax: (21) 2286-9244
E-mail: atendimento@sextante.com.br
www.sextante.com.br

Sumário

Prefácio — 7

PARTE UM
Pense em si mesmo de maneira positiva

1. Seja positivo em seus pensamentos e suas ações — 15
2. O caminho para a felicidade — 19
3. Dê valor ao que você tem — 25
4. Imagine-se como a pessoa que você quer ser — 31

PARTE DOIS
Desenvolva qualidades vencedoras

5. Aprenda a entender a si mesmo — 39
6. Esteja disposto a trabalhar pelo seu aprimoramento — 43
7. Mantenha-se em boa forma física e mental — 47
8. Seja confiante — 53
9. Desenvolva sua determinação — 57
10. Procure oportunidades — 63
11. Use seu tempo com sabedoria — 69

PARTE TRÊS
Estabeleça ótimas interações

12. Deixe uma impressão duradoura	85
13. Sorriso: a regra mais recente do sucesso	91
14. Desenvolva uma personalidade vencedora	93
15. Demonstre sua consideração	107
16. Pense nos outros e dê o que eles desejam	111
17. Compartilhe suas ideias	117
18. A única forma de vencer uma discussão é evitá-la	123
19. Mantenha boas relações com os outros	131
20. Escute: tente ver as coisas pelo ponto de vista dos outros	139
21. Desperte confiança nos outros	145

Prefácio

DALE CARNEGIE, MAIS CONHECIDO como o autor de *Como fazer amigos e influenciar pessoas*, melhorou a vida de milhões de pessoas. Ele tinha a incrível capacidade de despertar talentos que essas pessoas, de outra forma, poderiam nunca ter descoberto.

Este livro contém conselhos de Carnegie para ter sucesso, extraídos de suas transmissões de rádio na década de 1930. Apesar de serem antigas, você ficará surpreso ao ver como este livro pode ser útil. Uma palavra lida aqui poderá mudar toda a sua vida, revelando uma chave mágica para a felicidade e o sucesso.

A história de Dale Carnegie pode ser resumida em uma de suas regras de ouro para o sucesso: "Desperte na outra pessoa um desejo urgente." Ao despertar em todas as pessoas que encontrou um desejo urgente de seguir seus conselhos para atingirem seus objetivos, o nome de Dale Carnegie virou sinônimo de autoajuda para os norte-americanos que estavam se recuperando da Grande Depressão. Desde então, seu trabalho mudou a vida de muitas pessoas ao redor do mundo. Hoje, seus ensinamentos continuam sendo a base de inúmeros programas e transformações pessoais.

Carnegie descobriu bem cedo que era um orador habilidoso e usou esse dom para iniciar sua carreira como palestrante inspirador e motivador. Nascido em 1888, filho de fazendeiros pobres de Maryville, Missouri, Carnegie teve que confiar nos próprios recursos para abrir caminho no mundo. Descobrindo que não conseguiria vencer ninguém com sua destreza atlética, optou por falar em público. Impressionado com o desempenho impressionante de professores e artistas que passavam por sua comunidade, ele se juntou à equipe de debates da escola, onde aprimorou sua capacidade de influenciar pessoas.

Dispondo de poucos recursos financeiros, Carnegie morou com os pais enquanto frequentava a State Teachers College em Warrensburg, Missouri. De acordo com o que contam sobre sua vida, ele praticava recitar discursos enquanto fazia o trajeto entre sua casa e a faculdade a cavalo. Depois de se formar, em 1908, trabalhou vários anos como vendedor. Quando conseguiu juntar algum dinheiro, mudou-se para Nova York com a intenção de ser ator, mas acabou descobrindo que, no fim das contas, o palco não era para ele.

Sua carreira como líder de desenvolvimento pessoal começou cerca de quatro anos depois que ele terminou a faculdade. Com base em suas habilidades de palestrante, ele começou a dar aulas noturnas de oratória na ACM. As aulas eram um sucesso. Os alunos não aprenderam apenas a ser palestrantes persuasivos, mas também a gerar uma boa impressão nos outros e a ser empresários confiantes. Ele fundou o Dale Carnegie Institute depois de apenas dois anos lecionando.

Seu primeiro livro, *Como falar em público e influenciar homens de negócios*, foi publicado em 1913. À medida que sua exposição a indivíduos bem-sucedidos aumentava, mais ele se convencia de que o sucesso profissional resultava muito mais de boas habilidades interpessoais do que de formação acadêmica, experiência ou capacidade técnica. Suas aulas e seus ensinamentos se concentravam no desenvolvimento de habilidades sociais eficazes, sobretudo nos locais de trabalho. Para oferecer um livro didático para os alunos, ele começou a ler extensivamente sobre a vida e as atividades de líderes empresariais. O livro *Como fazer amigos e influenciar pessoas*, publicado pela primeira vez em 1936, tornou-se um enorme sucesso. Foi traduzido para 29 idiomas e vendeu cerca de 16 milhões de exemplares.

O alcance dos ensinamentos de Carnegie se expandiu depois do sucesso do livro. O Dale Carnegie Institute cresceu; ao longo de sua existência, o instituto ofereceu programas em 750 cidades dos Estados Unidos e em outros quinze países. Cerca de dez anos após publicar *Como fazer amigos e influenciar pessoas*, lançou outro popular livro, *Como evitar preocupações e começar a viver*.

Carnegie morreu em 1º de novembro de 1955, aos 66 anos, por causa de um linfoma de Hodgkin. Apesar do boom de livros de desenvolvimento pessoal nas últimas décadas, *Como fazer amigos e influenciar pessoas* ainda é útil e relevante. Desde sua morte, o Dale Carnegie Institute continuou a se expandir e hoje é uma empresa de treinamento empresarial altamente respeitada, que opera em diversos países.

Logo após a publicação de *Como fazer amigos e influenciar pessoas*, Carnegie começou a apresentar um programa de rádio extremamente popular com o mesmo nome de seu best-seller. Embora suas obras estejam disponíveis desde que surgiram, as páginas a seguir são, em sua maioria, extraídas de transcrições desse programa e oferecem uma fonte há muito perdida.

Além de relatar as histórias dos indivíduos que inspiravam suas regras para o sucesso, o programa de Carnegie demonstrava como colocar essas regras em prática. Os estudos de caso citados aqui, que apareceram no programa, refletem o espírito e a mentalidade daquela época, que eram diferentes dos nossos em muitos aspectos. Mas, embora muita coisa tenha mudado nas décadas que se seguiram, todos nós ainda queremos levar uma vida feliz, plena e bem-sucedida. As chaves para alcançar a felicidade e o sucesso não são diferentes hoje do que eram décadas atrás.

Para apresentar os conselhos de Carnegie em uma sequência lógica, este livro foi dividido em três partes. A Parte 1 aconselha os leitores a desenvolver uma perspectiva positiva em relação à própria vida e a quem são. Depois de estabelecer essas bases, a Parte 2 aconselha os leitores a fortalecer boas qualidades, como autocompreensão e autoconfiança. A Parte 3 apresenta a sabedoria pela qual Carnegie se tornou conhecido: como desenvolver interações frutíferas e gratificantes com outras pessoas.

Que essas palavras de Carnegie sejam tão úteis para você atualmente quanto foram para seus ouvintes muitos anos atrás.

PARTE UM

Pense em si mesmo de maneira positiva

Qualquer pessoa, independentemente das circunstâncias, pode ter uma vida feliz e bem-sucedida. Todos podem curtir acordar de manhã sabendo que terão um dia alegre e animado. Isso pode até parecer bobagem, mas é verdade.

Acima do nosso relacionamento com outras pessoas está o nosso relacionamento com nós mesmos. Por mais simplista que possa parecer, adotar uma atitude positiva determina como nos apresentamos para todos que encontramos, além de ser o primeiro passo para nossa felicidade.

Na primeira parte deste livro, Carnegie nos mostra como pensar em si mesmo de maneira positiva. Ele sabia que a aceitação de quem somos e o estímulo a quem podemos nos tornar são a base sobre a qual construímos a vida que desejamos.

1

Seja positivo em seus pensamentos e suas ações

O PODER DO PENSAMENTO POSITIVO para impactar drasticamente a nossa vida não é uma ideia nova. Muitos o veicularam, desde os escribas da Bíblia até Shakespeare e os dias atuais. É um preceito fundamental do budismo: controlar nossos processos de pensamento está na essência da prática budista. "A mente é tudo", disse Buda. "Você se torna aquilo em que pensa."

Pode ser tentador duvidar do poder que a mente tem para moldar nossa vida. Podemos querer atribuir o fracasso ou a infelicidade às circunstâncias: "Tive professores ruins e nunca aprendi a ler bem!" "Meu pai era violento, por isso só conheço medo e raiva". As circunstâncias podem ser difíceis, mas o modo como as enfrentamos está no centro das nossas experiências diárias e das nossas expectativas. Se pensarmos "Tenho grande capacidade de compreensão e posso aprender economia" ou "Sou uma pessoa confiante e amorosa", podemos de fato vivenciar o bom desempenho acadêmico e a autoconfiança.

O medo provavelmente derrota mais pessoas que qualquer outra desvantagem na vida. Muitas pessoas acham que nasceram com medo, mas experimentos psicológicos provaram que um bebê só nasce com medo de duas coisas: barulhos altos e a sensação de estar caindo. Todos os seus outros medos foram adquiridos e desenvolvidos por você. Assim, se você os desenvolveu, pode se livrar deles se realmente quiser.

Você consegue fazer isso? Quem está impedindo? Ninguém além de você mesmo. Onde estão esses medos? Já parou para pensar nisso? Eles só existem na sua mente. Não podem existir em nenhum outro lugar. E vou mostrar como tirá-los da sua mente.

Vou dar quatro sugestões que você pode usar para vencer um complexo de inferioridade, destruir medos e desenvolver autoconfiança e coragem.

Quatro passos para a autoconfiança

1. Pare de pensar que você é tímido ou medroso.
2. Aja como se fosse impossível fracassar.
3. Tenha interesse por outras pessoas.
4. Faça o que tem medo de fazer.

Você quer ser corajoso? Tudo bem. *Em primeiro lugar*, seja corajoso. Comece agora mesmo. Saia de casa de cabeça erguida, com o queixo levantado e uma música no coração.

Em segundo lugar, aja como se fosse impossível fracassar. Um dos livros mais populares da década de 1930 foi *Desperta e vive!*, de Dorothea Brande, e seu tema principal era: "Aja como se fosse impossível fracassar". Lembre que a coisa mais importante a seu respeito são seus pensamentos. Se tiver pensamentos amedrontadores, estará fadado a sentir medo. Mas, se tiver pensamentos corajosos e agir como se fosse realmente corajoso, aos poucos você ficará corajoso.

Em terceiro lugar, pare de pensar em si mesmo. Tenha interesse por outras pessoas. Você só sente medo porque está pensando no que elas estão pensando de você e na impressão que está causando. Que tolice! Nove em cada dez vezes a outra pessoa não está pensando em você. Ela é como você: está pensando em si mesma.

Em quarto lugar, faça o que tem medo de fazer e continue fazendo até ter uma lista de experiências bem-sucedidas. Se você for vendedor, escolha o comprador que mais teme abordar. Vá visitá-lo amanhã. Quando entrar no escritório dele, diga que há anos você tem medo de visitá-lo. Se estiver nervoso e trêmulo no momento, admita. Isso quebrará o gelo. Diga-lhe que ele é tão importante que só de pensar em procurá-lo os seus joelhos tremem. Ele vai entender isso como um elogio. Isso vai fazê-lo gostar de você e querer ajudá-lo.

Não estou apresentando ideias novas. Elas têm sido usadas e testadas há milhares de anos. Se aplicá-las, elas farão milagres por você. Eu sei, porque já vi isso acontecer com milhares de pessoas.

Todo pensamento negativo, seja gerado por medo, ressentimento ou raiva, é algo que nós mesmos criamos. E, se nós o criamos, com certeza podemos criar outra coisa em seu lugar. Sim, é muito mais fácil dar esse conselho do que mudar pensamentos negativos aos quais nos acostumamos, mas experimente fazer isso conscientemente. Se tiver medo de convidar um interesse amoroso para um passeio, tente dizer a si mesmo que está totalmente à vontade e convide a pessoa. Se acha que não consegue correr um quilômetro – "Estou fora de forma; é muito difícil!" –, tente dizer a si mesmo que consegue, sim, correr essa distância e vá para a pista.

Você vai se surpreender ao perceber que suas ideias positivas a respeito de si mesmo serão compartilhadas por outras pessoas. E ficará encantado ao perceber como você é capaz, como consegue se divertir e como suas experiências e seus sentimentos seguirão seus pensamentos.

2

O caminho para a felicidade

O QUE VOCÊ DESEJA MAIS DO QUE QUALQUER outra coisa? Essa é uma pergunta fácil de responder. Você deseja felicidade. Como todo mundo.

A única forma de sermos felizes, por mais simplista que pareça, é ter pensamentos felizes. A experiência que extraímos de cada evento e de cada interação depende completamente de como pensamos nela. Por que, então, não pensar em coisas boas?

A romancista Grace Miller White sugere algo que ela chama de sete caminhos para a felicidade. Se você segui-los, será uma pessoa feliz!

O primeiro caminho é: sorria! Sorrisos são contagiantes. Tenha o hábito de sorrir assim que abrir os olhos pela manhã. Sorria quando for se deitar à noite.

Veja o que alguns sorrisos fizeram por uma jovem. Mary dizia que era infeliz.

– Como posso ser feliz – perguntava-se ela – quando minha mãe e minhas irmãs estão sempre brigando umas com as outras, disputando qual delas pode ser mais agressiva? E meu irmão mais novo?! Ele é muito chato!

Embora Mary ainda estivesse na adolescência, parecia ter uns 25 anos, pois franzia muito a testa. Grace então lhe disse:

– Por acaso você tem um sorriso para me mostrar esses dentes bonitos?

– Os cantos dos lábios da menina se contraíram um pouco. Mas depois

Mary suspirou e disse que não sorria mais. Simplesmente não tinha motivos para sorrir.

Grace disse que ela devia começar a fazer os outros felizes. E, para isso, ela precisaria seguir um caminho: sorrir!

Grace a reencontrou cerca de um mês depois. Que menina diferente! Parecia oito anos mais jovem. Mary estava radiante.

– Sra. White, você me disse para sorrir, e eu sorri. E quer saber de uma coisa? Descobri que a gente não pode sorrir para uma pessoa e brigar com ela ao mesmo tempo – disse ela.

É incrível como alguns pequenos sorrisos podem inundar um ambiente, tal como a luz do sol. Charles M. Schwab, magnata norte-americano do aço, disse certa vez que seu sorriso valia 1 milhão de dólares, e provavelmente estava subestimando a verdade.

O segundo caminho para a felicidade é doar pelo prazer de doar. Grace conheceu uma mulher que se esforçava muito para ser feliz, mas, quando lhe perguntou se alguma vez ela havia pensado em fazer os outros felizes, a mulher respondeu que não.

Grace sugeriu que, pelo menos durante uma semana, ela só pensasse no que poderia fazer pelos outros. A mulher não gostou muito da ideia, mas concordou em tentar.

Começou praticando com um homem faminto. Ela o levou a um restaurante e comprou uma boa refeição para ele. Em seguida, viu um menino cego parado no meio-fio e o ajudou a atravessar a rua. Ela sentiu um novo entusiasmo no coração. Foram coisas pequenas, mas realizaram milagres! Todos nós podemos encontrar uma nova felicidade praticando alguns atos solícitos todos os dias. Muitas vezes, há mais felicidade verdadeira em dar do que em receber.

O terceiro caminho para a felicidade é muito fácil e muito eficaz: procure boas qualidades em tudo e em todos. Afinal, se olharmos só para o lado ruim das coisas não tem como ficarmos muito felizes, não é?

A regra quatro é: seja feliz mesmo em circunstâncias adversas. É possível fazer isso, e é muito divertido. Grace falou de uma mãe que tinha um filho muito amado. Era um jovem brilhante: engenheiro, com vários diplomas universitários. De repente, ele foi acometido por poliomielite. A mãe poderia ter envenenado a vida dele e a dela com preocupações e tristezas.

Mas o que ela fez? Ficou sorrindo o tempo todo, sem nunca chorar, nunca demonstrar tristeza. Sua luta heroica para ser feliz foi uma inspiração.

– As coisas poderiam ser muito piores – disse ela um dia. – Meu filho me ama com devoção. Isso é tudo que peço.

Se aquela mãe conseguiu ser feliz mesmo diante de um grande infortúnio, com certeza é possível ser feliz diante de pequenos problemas. Nossa felicidade depende da nossa atitude mental. Abraham Lincoln costumava dizer: "A maioria das pessoas é tão feliz quanto decide ser."

A quinta regra é: encha de amor sua mente, seu coração e suas mãos. Você ficará surpreso ao descobrir que o amor supera todos os pensamentos e experiências de ódio. Muitas pessoas saem por aí criticando os outros, mas tudo existe apenas em seus pensamentos. Se você ama com todas as suas forças, não pode ficar infeliz com essas coisas.

Certa vez, um homem foi ver Grace, e ele estava tão infeliz que chorou. Ele odiava o mundo e todos que vivem nele. Quando seus soluços se transformaram em pequenos suspiros, Grace perguntou:

– Está se sentindo melhor agora, não está?

– Não – respondeu o homem. – Vou me matar.

Foi aí que Grace fez uma coisa engraçada. Ela ajudou o homem a fazer uma lista das dez melhores formas de cometer suicídio. Depois pediu que ele escolhesse uma delas – só uma – que não prejudicasse nem magoasse ninguém.

– Porque a gente não deve machucar as pessoas – disse ela.

O homem ficou olhando para o papel durante vários minutos. Depois perguntou bem baixinho:

– Não existe nenhum jeito bom, não é?

– Claro que não – respondeu Grace. – Saia dessa! Viva! Agora vou dizer o que você deve fazer. Tire o ódio e a amargura do seu coração. Toda vez que um pensamento mesquinho ou cheio de ódio vier à sua mente, pense imediatamente em uma coisa agradável, uma coisa bonita. Substitua os pensamentos de ódio por pensamentos de amor.

Menos de uma semana depois de adotar esse novo jeito de pensar, o homem conseguiu um bom emprego com um bom salário.

– E vou dizer uma coisa – disse ele. – Quando entreguei à minha esposa meu primeiro salário, foi lindo ver a reação dela.

A sexta regra: cuide da sua vida. Envolver-se nos assuntos de outras pessoas parece muito mais fácil que cuidar da própria vida, mas pode ter efeitos adversos. Grace fala de um homem muito bonito e inteligente, de personalidade forte e com boas maneiras. Só que não conseguia se manter em emprego nenhum.

Ele disse que seu empregador devia ser grato por tudo que ele havia feito.

– Ser grato? – perguntou Grace. – O que você fez por ele?

– Ah, eu mostrei por que ele estava errado e falei dos muitos erros que ele vinha cometendo. No dia seguinte fui demitido!

Isso não surpreendeu. Quanto mais Grace falava com ele, mais percebia que aquele jovem de boa aparência estava mais interessado nos assuntos dos outros que nos dele.

– Cuide da sua vida – disse ela.

O rapaz topou a ideia, e o resultado foi maravilhoso.

Agora, a sétima e última regra para a felicidade: seja grato pelas coisas serem boas como são. Elas podiam ser muito piores. Muitos de nós não somos tão felizes quanto poderíamos ser porque na maior parte do tempo nos concentramos nas coisas pequenas e sem importância que não nos agradam em vez de pensar nos milhares de coisas pelas quais deveríamos agradecer profundamente.

Eu voltava a pé da estação de trem para casa, certa noite, e estava meio infeliz com alguma coisa. Não me lembro o que era, mas não era nada importante. Então falei para mim mesmo: "Dale Carnegie, você é um tolo. Pense em todas as coisas pelas quais deveria agradecer. E você está aqui infeliz por causa de uma bobagem."

Assim, nos dez minutos seguintes, eu me concentrei no que tinha a agradecer. Quando cheguei em casa, eu era um dos homens mais felizes em Forest Hills, Nova York. Se você quer ser feliz, concentre-se nas coisas pelas quais deveria agradecer.

Essas regras funcionam. Exigem um pouco de esforço, talvez, mas geram uma colheita rica de felicidade.

Nossa cultura e a mídia nos dizem o tempo todo que a felicidade vem do que os outros dizem ou fazem ("Tudo ficaria bem se Michael também me amasse") ou de algum evento ou coisa externa ("Os caras me achariam legal se eu tivesse uma moto").

> ## OS SETE CAMINHOS PARA O SUCESSO
>
> 1. Sorria.
> 2. Doe pelo prazer de doar.
> 3. Procure boas qualidades em tudo e em todos.
> 4. Seja feliz mesmo em circunstâncias adversas.
> 5. Cultive o amor.
> 6. Cuide da sua vida.
> 7. Seja grato pelas coisas serem boas como são.

Podemos achar que ficaremos felizes quando formos promovidos, mas descobrimos que, após conseguirmos a promoção, nossos sentimentos no dia a dia continuam bem parecidos com o que eram antes da mudança. O que mudou foi o que estava do lado de fora, não o que estava dentro de nós. Como nossas condições interiores são as mesmas de antes, nosso nível de felicidade continua o mesmo.

A felicidade não depende de condições exteriores. Não é o que você tem, quem você é, onde está nem o que está fazendo que o deixa feliz ou infeliz; é o que você pensa a respeito disso. "Não há nada bom nem ruim, mas o pensamento faz com que seja assim", disse Shakespeare.

Nossa felicidade depende das nossas condições interiores. Criamos nossa própria sensação de bem-estar, nossa própria sensação de contentamento e nossa própria paz de espírito. A ideia de que encontramos nossa felicidade dentro de nós não é nova. As religiões orientais há muito sustentam que geramos nossa própria felicidade, e especialistas ocidentais contemporâneos concordam com isso.

O mesmo acontece com a infelicidade. Se nos sentimos magoados quando alguém nos diz algo indelicado, é porque decidimos reagir assim. No entanto, se lembrarmos que a declaração não é verdadeira, e sim um reflexo da pessoa que a fez, conseguimos seguir nosso caminho sem nos sentirmos piores do que antes.

O que proporciona uma vida feliz é nossa decisão de acalentar pensamentos amorosos e felizes, e, mais importante, a execução dessa decisão.

3

Dê valor ao que você tem

Ansiar incansavelmente por coisas que não temos é uma receita para a infelicidade. Isso se aplica a tudo, seja qual for o objeto do nosso desejo; se aplica até ao sucesso na carreira. Estar satisfeito com quem somos e com o que temos é indispensável para gostar da vida e ser uma presença iluminada para aqueles que encontramos.

Em seu livro *More Zest for Life*, o famoso psicólogo Donald A. Laird enumera três coisas que podem acabar com o entusiasmo de uma pessoa pela vida.

A primeira é o excesso de ambição. Conheci diversas pessoas que sofreram muito por serem ambiciosas demais. Uma delas é uma famosa atriz de cinema. Poucas mulheres beberam tanto do inebriante vinho do sucesso. Ela ganhou milhões de dólares e foi aclamada mundialmente. No entanto, ela me disse que pouquíssimas pessoas extremamente ambiciosas são de fato felizes. Por quê? Porque quanto mais ganham, mais querem.

Poderíamos achar que essa célebre estrela ficaria satisfeita com todas as suas realizações excepcionais. Ela tinha que ser a pessoa mais feliz do mundo. Mas não é. Na última vez que a vi, ela me contou que queria aprender francês, mas estava tão ocupada que não tinha tempo para fazer isso de um jeito calmo. Teve que contratar um professor de francês para acompanhá-la no carro entre um compromisso e outro. Ela também disse que adorava dar longas caminhadas e andar a cavalo, mas raramente tinha tempo para isso.

A ambição é como comida e descanso: é importante, mas não é recomendável exagerar. Se você for ambicioso demais, pode chegar ao ponto em que sua ambição o conduzirá em vez de orientá-lo.

O mundo inteiro busca a felicidade, mas nem sempre ela pode ser alcançada apenas por meio da ambição. Muitas vezes me pergunto, por exemplo, se realizar a própria ambição deu a Abraham Lincoln a felicidade que ele esperava da vida. Quando jovem, Lincoln lavrava a terra com um arado de madeira e uma junta de bois. Ele tinha certeza de que seria feliz se progredisse na política. No entanto, quando chegou à Casa Branca, ficou tão arrasado com a tragédia da Guerra Civil que disse que era muito mais feliz como trabalhador rural descalço em Illinois do que jamais foi como presidente dos Estados Unidos.

Até agora só falamos de pessoas que tiveram a sorte de realizar suas ambições. Mas e aquelas cujas ambições nunca são alcançadas? Afinal, apenas cerca de uma pessoa a cada 50 mil conseguirá alcançar a fama ou a riqueza. Isso significa que as outras 49.999 que anseiam pela mesma coisa estão fadadas à decepção, e ficar aquém do que você sonhou pode levá-lo a se sentir inferior. Se você não tiver cuidado com seus pensamentos, essas decepções podem provocar a amarga e duradoura infelicidade da frustração.

Embora seja bom ter alguma ambição, é preciso ser razoável. Não devemos tentar realizar o impossível. Não devemos querer demais. Vamos voltar as nossas metas de vida para ajudar os outros, ter uma família feliz e uma existência confortável – não para a fama, a riqueza ou o poder. Como Sócrates disse há 2.500 anos: "Se não podemos ter o que queremos, vamos querer o que temos." E 372 anos antes de Cristo nascer o filósofo chinês Mêncio disse: "Para nutrir o coração, não há nada melhor do que diminuir os desejos."

Sou totalmente a favor da ambição, mas, se não alcançarmos nossas ambições, não devemos permitir que isso estrague nosso prazer de viver. E lembre sempre que a ambição em si não é garantia de felicidade.

O dr. Laird também destaca que muitas pessoas não conseguem obter o prazer de viver que merecem porque sentem culpa. Segundo pesquisas feitas na Universidade de Syracuse, uma em cada cinco pessoas sofre com culpa.

Não há dúvida: nossa personalidade toda pode ficar distorcida – quase doente – se ficarmos remoendo a culpa. Muitas pessoas revelam um julgamento ruim quando permitem que uma consciência culpada estrague a vida delas. Claro que todos cometemos erros, mas devemos aprender com eles e depois esquecê-los. Ralph Waldo Emerson escreveu certa vez para a filha:

Termine cada dia e deixe-o para trás. Para ter uma boa conduta e uma vida sábia, esse é um bom conselho. Você fez o que pôde; alguns erros e absurdos sem dúvida aconteceram; esqueça-os assim que puder. Amanhã é um novo dia; você deve iniciá-lo bem, com serenidade e um espírito elevado demais para se incomodar com suas tolices anteriores. Esse dia, apesar de tudo, é bom e justo. É precioso demais, com suas esperanças e promessas, para você perder um momento que seja com o passado corroído.

A terceira coisa que segundo o dr. Laird pode roubar nossa felicidade é, a meu ver, um de nossos piores inimigos: o medo! Como é que alguém pode esperar obter algum prazer real da vida se estiver atormentado pelo medo?

Como já revelei, nós não nascemos com medo. Praticamente todos eles são adquiridos e até o fim da vida sentimos medo de várias coisas. Temos medo do fracasso, da pobreza, de sermos ridicularizados, da velhice, de mudanças, de novidades, de fatos e de outras pessoas. Temamos o futuro e o desconhecido. Temos medo de ficar sozinhos, de perder o emprego, de aceitar responsabilidades e assim por diante. Somos intimidados e derrotados pelo medo – fobias mesquinhas e mórbidas que nos afastam da verdadeira felicidade. Esquecemos que a maioria dos medos é totalmente desnecessária, produtos falsos e tolos da imaginação que são apenas o resultado de pensamentos descuidados. Devemos encarar a vida com franqueza e coragem. Só assim poderemos alcançar a verdadeira felicidade que desejamos.

A primeira coisa que uma pessoa deve fazer para vencer o medo e ter mais prazer na vida é conquistar autoconfiança. Ao longo de décadas conduzindo cursos de oratória e de desenvolvimento pessoal, vi homens e mulheres revolucionarem a própria vida por meio da autoconfiança.

Se quisermos chegar a algum lugar na vida, a autoconfiança é fundamental. Afinal, se não acreditarmos em nós mesmos, ninguém acreditará. No entanto, de acordo com alguns especialistas no assunto, mais da metade dos adultos é seriamente prejudicada pela falta de autoconfiança.

A autoconfiança pode ser desenvolvida de várias maneiras. Em primeiro lugar, pratique falar em público: fale diante de uma plateia sempre que puder. Isso será muito melhor para desenvolver sua autoconfiança em pouco tempo do que qualquer outra coisa que conheço. Quando você perde o medo das multidões, perde o medo dos indivíduos.

Em segundo lugar, tenha pensamentos confiantes. Você não pode impedir que pensamentos de medo entrem em sua mente, é claro, mas pode impedir que permaneçam lá. Como Dorothea Brande coloca em seu livro *Desperta e vive!*: "Aja como se fosse impossível fracassar."

Em terceiro lugar, saia e faça coisas. Não fique sentado em um canto desejando ter autoconfiança. Você não vai desenvolver um braço forte apenas querendo ter um. Você só conseguirá desenvolvê-lo se utilizá-lo. O mesmo ocorre com a autoconfiança.

Mais uma vez, se não consegue ter o que quer, dê valor ao que tem. Você se surpreenderá ao ver como esse princípio o ajudará a curtir a vida. Talvez você tenha um emprego que não considere muito interessante. Digamos que você trabalhe na seção de atendimento aos clientes de uma grande empresa de processamento de alimentos. Você passará a maior parte do tempo conversando com pessoas que estão reclamando de alguma coisa. Você preferiria trabalhar no departamento de design, criando embalagens e materiais de marketing, mas, no momento, não está qualificado para esse cargo. Você pode ficar frustrado e fazer um trabalho superficial ou pode mostrar a seu chefe (e, mais importante, a si mesmo!) que não deixará a frustração prejudicar seu desempenho.

Assim, ao se sentar à mesa de trabalho de manhã, você oferecerá o serviço ao cliente mais agradável e solícito possível. Nesse momento, você desejará o que tem e prestará um serviço de excelência exatamente onde está. Todos aqueles com quem você falar ouvirão uma voz graciosa, e seu supervisor se sentirá pressionado a recomendá-lo a outras pessoas quando surgir a oportunidade certa. Você sairá do trabalho se sentindo bem com o que fez ao longo do dia, uma pessoa feliz.

Quer um resultado diferente? Concentre-se no que você não tem. Na verdade, pode continuar se concentrando nisso, pois é pouco provável que o consiga em algum momento.

Imagine outro cenário. Digamos que você queira se casar. Quando tiver uma esposa, estará tão feliz e apaixonado que nada mais parecerá errado. Você terá alguém para cuidar, alguém para cuidar de você e que sempre saberá o que fazer para deixá-lo feliz. Quando você está solteiro, a vida é monótona e vazia, e não há nada que dê sentido a ela. Você se sente infeliz.

Você já pode ver para onde isso está indo. Quem quer conhecer alguém que se sente infeliz? Como você vai encontrar alguém para amar e se casar se está tão arrasado? Nem sempre é fácil, mas encontre um modo de desejar o que já tem. Assim, você será agora a pessoa que quer ser no futuro.

Outra dica para desenvolver mais entusiasmo pela vida: aprenda a rir, emitindo um grande e caloroso *hahaha!*. Nada de risadinhas educadas, veja bem, mas sim o que é conhecido como gargalhada. Pode ser a melhor coisa do mundo para você.

O dr. Laird cita um médico que diz: "As pessoas que mais riem são as que vivem mais e têm mais saúde." E o próprio dr. Laird acrescenta: "O riso é o melhor remédio! Só precisa ter um nome em latim e um preço alto, além de um rótulo que mande sacudir bem a barriga enquanto o estiver usando."

Não há dúvida: o riso nos relaxa física e mentalmente. Afinal, ninguém consegue rir e se preocupar ao mesmo tempo, não é? Portanto, se você não ri há muito tempo, é melhor começar rindo de si mesmo. O riso acrescenta entusiasmo à vida.

4

Imagine-se como a pessoa que você quer ser

Como você viu, defendo a prática do controle sobre os pensamentos. Encorajo as pessoas não só a pensar positivamente como também a se visualizarem como indivíduos bem-sucedidos e felizes. Você pode até realizar os pensamentos que tem a respeito de si mesmo.

A irmã de um dos meus melhores amigos é um exemplo de mulher que mudou a própria vida simplesmente pensando em si mesma de modo diferente, e seu nome era sra. Marshall.

A sra. Marshall estava com um vazamento na válvula cardíaca havia anos. O médico a avisara que qualquer tensão ou medo repentino poderia matá-la instantaneamente.

Certo dia, a sra. Marshall entrou no Independence Avenue Bank, em Kansas City, Missouri, e apresentou um título de mil dólares para pagamento. O caixa contou uma pilha de notas e as empurrou na direção dela. De repente, com a rapidez de uma explosão, as coisas começaram a acontecer. Antes que ela conseguisse pegar o dinheiro, ladrões invadiram o banco. Empunhando as armas, eles obrigaram os caixas a levantarem as mãos. Depois, ameaçaram atirar nos clientes a menos que eles se jogassem de bruços no chão. Todos obedeceram. Exceto a sra. Marshall, que tinha limitações físicas.

Quer dizer que ela era teimosa? Bem, os gângsteres juraram que iam dar uma lição nela. Eles a agarraram pelo braço e a xingaram. Bateram no peito dela com uma espingarda de cano serrado. Ameaçaram explodi-la em pedacinhos. E o que aconteceu? A sra. Marshall morreu de insuficiência cardíaca? Mostrou sinais de medo? Deitou-se no chão como os outros clientes? Não. Olhou os ladrões nos olhos e disse em tom triunfante: "Deus é minha proteção. Não vou me deitar. Não vou machucar vocês. Vão em frente, mas eu não vou me deitar."

Os pistoleiros ficaram aturdidos. Nunca tinham visto nada assim, então recuaram. Assaltaram o banco, mas não levaram os mil dólares em dinheiro que estavam no balcão, à frente da sra. Marshall. E não a fizeram deitar.

Daquele momento em diante, a sra. Marshall virou uma nova mulher. Aquela pessoa tímida e retraída, que levava uma existência reclusa, subitamente se transformou em uma mulher cheia de energia, com uma ampla variedade de interesses e uma visão destemida da vida.

O que provocou esse aparente milagre? Eu sei, pois, como já disse, o irmão dela é um dos meus melhores amigos, e tanto ele quanto a irmã me contaram a história e explicaram o mistério. O corpo da sra. Marshall não mudou. Ela ainda tinha os mesmos dentes, os mesmos cabelos, o mesmo sangue e os mesmos ossos. A única coisa que mudou nela foram os pensamentos. Durante anos, ela sempre pensara em si mesma como uma pessoa tímida, medrosa e doente, e, como disse Salomão mil anos antes do nascimento de Cristo: "Como um homem pensa em seu coração, assim ele é" (Provérbios 23:7).

Assim sendo, ela era exatamente o tipo de pessoa que pensava ser. Quem de nós pode ter pensamentos amedrontadores e ao mesmo tempo ser corajoso? Como podemos ter pensamentos que nos deixam tímidos e esperar ser autoconfiantes? Diga-me que pensamentos você tem, e eu lhe direi o que você é. Isso é fácil, pois seus pensamentos o tornam o que você é.

Você quer mudar sua vida? Posso lhe dizer exatamente como fazer isso: mudando seus pensamentos.

Passei uma tarde com a atriz Mary Pickford na época em que ela estava se divorciando de Douglas Fairbanks. Muitas pessoas achavam que ela era infeliz quando eu a considerava uma das pessoas mais radiantes e serenas que já conheci. O segredo?

Ela falou sobre isso em um pequeno livro intitulado *Why Not Try God*? (Por que não tentar Deus?). Eis um trecho do livro:

O que quer que esteja acontecendo com você ou comigo neste exato minuto é o resultado absoluto do que inserimos em nossa mente, do que pensamos há anos. E você já percebeu que o que acontecerá amanhã será, em grande medida, resultado do que você está pensando hoje? Você e eu não podemos escapar do resultado de nossos pensamentos.

Ainda não resolvi todos os meus problemas. Mas farei isso, pois aprendi que, ao cuidar dos meus pensamentos, meus pensamentos cuidam de mim em cada detalhe da vida.

Agora, eis um pouco da filosofia do escritor Elbert Hubbard, que encontrei no meu álbum de citações:

Sempre que você sair de casa, levante a cabeça, encha bem os pulmões, absorva a luz do sol, cumprimente seus amigos com um sorriso e coloque a alma em cada aperto de mão. Não tenha medo de ser mal interpretado e não perca um minuto pensando em seus inimigos. Tente fixar bem na mente o que deseja fazer e, então, sem mudar de rumo, você alcançará direto os seus objetivos. Imagine a pessoa capaz, sincera e útil que você deseja ser, e esses pensamentos o transformarão, aos poucos, nesse indivíduo. O pensamento é supremo. Pensar corretamente traz resultados. Todas as coisas acontecem por meio dos desejos e toda oração sincera é atendida. Nós nos tornamos aquilo que está fixado em nosso coração. Erga a cabeça. Somos deuses ainda na forma de crisálidas.

O que você faria se dirigisse uma fábrica que deveria fabricar sorvete e de repente descobrisse que a fábrica estava produzindo ácido carbólico? Demitiria os funcionários e reorganizaria a fábrica para produzir o que você quer.

A coisa mais importante que temos é a fábrica de pensamentos que operamos dentro de nós mesmos. Essa fábrica está produzindo timidez quando o que você quer é ser confiante? Está produzindo medo quando você deseja coragem? Em seguida, faça a si mesmo esta pergunta, uma das mais importantes que você já terá feito: "O que eu devo fazer com isso?" Não pergunte o que sua mãe, o tio Bill ou sua irmã Mary fariam. Eles não podem fazer nada para ajudá-lo. Mas você pode. Você, e só você, pode mudar seus pensamentos. Então, por que não começar agora, dizendo a si mesmo: "Vou pensar em coragem e vou ser corajoso. Outras pessoas já fizeram isso. Eu posso e vou fazer isso."

Deixe-me fazer uma pergunta que demonstrará como esse conselho é valioso. Você sabe qual é a maneira mais fácil de sair da cama de manhã? Anos atrás, descobri que não é difícil sair da cama. Difícil é *começar* a sair da cama. Também não é difícil ser corajoso. Difícil é *começar* a ser corajoso. Portanto, se aproxime do primeiro amigo que encontrar e o cumprimente com entusiasmo. Concentre todas as suas energias em ser a pessoa confiante e equilibrada que deseja ser.

Como demonstra a história da sra. Marshall, somos o que pensamos sobre nós mesmos. Podemos nos valer desse fato em nosso programa de autoaperfeiçoamento. Vejamos de novo a citação de Elbert Hubbard: "Imagine a pessoa capaz, sincera e útil que você deseja ser, e esses pensamentos o transformarão, aos poucos, nesse indivíduo."

Visualize a si mesmo como a pessoa que deseja ser. Essa visualização funciona. Uma pesquisa bem conhecida feita com jogadores de basquete da Universidade de Chicago nos dá um ótimo exemplo. A ação envolvida nesse estudo de trinta dias foi o arremesso de lances livres. Cada atleta participante teve sua taxa de sucesso nos lances livres testada e registrada antes do início do estudo. Os atletas foram divididos em três grupos. Os membros do primeiro grupo não praticaram arremessos de lances livres nem visualizaram arremessos de lances livres, e a taxa de acertos não mudou. Os membros do segundo grupo, que praticavam lances livres fisicamente durante uma hora todos os dias, melhoraram em 24% a taxa coletiva de acertos. Os membros do terceiro grupo, que se imaginavam arremessando e convertendo lances livres, mas não praticavam fisicamente os arremessos, melhoraram em 23% a taxa coletiva de acertos. Esses atletas se tornaram os jogadores bem-sucedidos que desejavam ser apenas imaginando que eram.

Isso não significa, é claro, que não precisamos agir para alcançar nossos objetivos e efetuar mudanças na nossa vida. Mas significa que, ao mantermos firmemente na nossa mente as imagens de nosso melhor eu, acabaremos acreditando nesse melhor eu. Lembre também que só nós poderemos fazer isso por nós mesmos. Nós somos quem achamos que somos: por que não nos consideramos magníficos?

PARTE DOIS

Desenvolva qualidades vencedoras

Ao adquirirmos o hábito de pensar positivamente sobre nós mesmos, conseguiremos transformar os pensamentos em ação. Dale Carnegie foi um gênio ao explicar como podemos agir de uma forma que se alinhe com uma boa visão de mundo: com confiança e determinação e cuidando bem de nós mesmos.

A segunda parte deste livro ilustra a sabedoria de Carnegie de demonstrar os atributos que desejamos ter. Isso vai gerar sucesso com as demais pessoas.

5

Aprenda a entender a si mesmo

Em algum momento, a maioria de nós enfrenta o dilema de escolher uma vocação. Não há dúvida de que esse é um passo muito importante. Não se esqueça: você passa um terço da vida no trabalho. Se não gosta do emprego ou não ganha o suficiente, é difícil se empolgar com a vida.

Segundo alguns números que vi há pouco tempo, mais da metade dos trabalhadores nos Estados Unidos está insatisfeita no emprego. Isso é trágico! Afinal, como Elbert Hubbard costumava dizer: "Se você não encontrar felicidade no trabalho, não a encontrará em lugar nenhum."

Mas como escolher o trabalho certo? Um proeminente educador, o dr. Layton S. Hawkins, tem alguns conselhos relacionados à escolha da ocupação. Uma das formas é buscar um orientador vocacional. Esses profissionais podem ajudá-lo a ter uma ideia de suas aptidões, habilidades, seus interesses e traços pessoais ao aplicarem uma série de testes psicológicos.

Além disso, você pode fazer três coisas: em primeiro lugar, analise a si mesmo. Em segundo, descubra o que puder sobre diferentes ocupações. Em terceiro, encaixe os resultados das duas coisas como se fosse um quebra-cabeça.

Para analisar a si mesmo, verifique quatro coisas. Primeiro, sua condição física. Como está sua saúde? Sua visão está boa? Sua audição, sua resistência, seus nervos? Consulte um médico, caso necessário.

Em seguida, você precisa saber seu nível de inteligência. Como você se sai na escola? Pergunte aos seus professores o que eles acham da sua forma de pensar, e não do seu desempenho escolar, pois as notas nem sempre são os melhores indicativos da capacidade mental.

A próxima coisa a fazer é verificar sua personalidade, seu temperamento e seus interesses. Que tipo de pessoa você é? O que gosta de fazer? Quais são seus hobbies? Quais são ou eram as atividades de que você gostava na escola? Do quê você não gostava? Isso também se aplica às suas tarefas em casa. Você já fez coisas diferentes e gostou ou não gostou delas. Faça uma lista de todas. É um excelente guia.

Há pouco tempo, um jovem decidiu ser engenheiro. Ele gostava de trabalhar com máquinas, mas, quando avaliou a profissão, descobriu que os engenheiros raramente operam máquinas. Em vez disso, fazem projetos e cálculos, mantêm registros de desempenho e orientam outros indivíduos, que fazem as operações manuais. O jovem listou tudo de que gostava e não gostava, e descobriu que sempre detestou fazer planos cuidadosos e orientar outras pessoas a executá-los. Não gostava de matemática, não gostava de manter registros e não gostava de analisar resultados. Assim, de um jeito sábio, ele desistiu da ideia de ser engenheiro e acabou se tornando um bom mecânico especializado.

Por fim, estude as diferentes ocupações. E me deixe dizer uma coisa: a ideia de que só existe um único trabalho para o qual você foi feito é ultrapassada. Deve haver uma dezena de trabalhos que você pode fazer igualmente bem. Escolha o que mais combina com você e, então, vá com tudo.

Você também pode ir à biblioteca mais próxima e pedir um índice ocupacional, que lista livros e artigos disponíveis sobre diferentes profissões. Dê uma olhada nesse índice e depois leia o que puder sobre as profissões que lhe interessam. O bibliotecário também dirá quais livros você deve ler sobre como escolher uma vocação. Leia apenas os mais recentes. As tendências mudam tão rapidamente que um livro de orientação vocacional pode ficar desatualizado antes que a tinta da impressão seque.

Você poderá descobrir as responsabilidades, os requisitos físicos e mentais e o treinamento exigidos pela profissão. Essa área de atuação está supersaturada? Há oportunidades de crescimento? Quanto você poderá ganhar?

Algumas horas de reflexão séria podem poupar uma vida inteira de arrependimento. Todo o seu futuro – sua vida, sua felicidade, sua renda – será influenciado pelo tipo de trabalho que você escolher; então, por que fazer isso às cegas? Por que fazer uma aposta temerária? Por que não procurar a ajuda de um orientador vocacional? Pelo menos, leia alguns livros sobre o assunto. Só se vive uma vez, então pelo amor de Deus, planeje sua vida com inteligência!

Recapitulando: o primeiro passo é simplesmente aprender sobre nós mesmos. Gostamos de nos informar sobre novas descobertas científicas? Ou gostamos mais de acompanhar a política ou a moda nos noticiários? Gostamos de resolver problemas ou preferimos executar as ideias dos outros? Tudo isso nos dirá alguma coisa a respeito de como nos desenvolveremos com mais sucesso e felicidade na carreira. É possível encontrar todo tipo de teste gratuito de avaliação de personalidade e carreira. Todas as áreas de interesse ou habilidades são valiosas; não devemos pensar que alguma delas não é.

Em segundo lugar, devemos reservar algum tempo para fazer pesquisas sobre nossas carreiras em potencial. Como sugere o dr. Hawkins, pesquise sobre o dia a dia dos profissionais dessas áreas, sobre os talentos que eles acham mais necessários e como se saíram trabalhando nessa área.

Se você estiver vivendo em uma época na qual os empregos estão escassos, talvez seja necessário se sacrificar um pouco: aceitar um salário menor do que gostaria ou começar em um cargo que exija menos que o trabalho que almeja. Situações assim não devem desanimá-lo. Como já vimos, podemos ser felizes apesar das circunstâncias. Descobriremos que, se mantivermos nossa situação atual sob uma luz positiva e fizermos o melhor possível, não importa o que aconteça, apreciaremos cada dia.

6

Esteja disposto a trabalhar pelo seu aprimoramento

SE QUISERMOS DESENVOLVER QUALIDADES DESEJÁVEIS, devemos estar dispostos a fazer um esforço em busca do aprimoramento. Isso pode soar como uma lição de disciplina, e é! Mas o esforço vale muito a pena. Ele visa promover o sucesso na vida – tanto em nossa carreira quanto em nossa felicidade. Somos os beneficiários diretos de nossos esforços para desenvolver uma ética pessoal inflexível e um comportamento pessoal agradável.

Como melhorar a si mesmo

1. Faça um inventário de si mesmo.
2. Invista em você com todo o entusiasmo.
3. Aproveite todas as oportunidades para praticar suas novas resoluções.
4. Não invente desculpas.
5. Assuma compromissos definitivos.
6. Jogue alguns jogos.
7. Faça algo pelos outros.
8. Tenha interesse pelo seu trabalho.

Eis aqui as oito regras específicas para desenvolver boas práticas e uma personalidade forte:

1. Faça um inventário de si mesmo. Conforme sugerimos no capítulo anterior, faça um balanço de seus pontos fortes e fracos. Olhe para si mesmo com calma e honestidade. Não é o momento para ser gentil demais consigo mesmo e não há necessidade de encobrir coisas a seu respeito que você pode não querer admitir. Esse balanço não é para consumo público: é para você usar no desenvolvimento de seu melhor eu. (Se você está seguindo o conselho da primeira parte deste livro – ter pensamentos positivos e felizes –, não permitirá que um lembrete de suas imperfeições o derrube.) Dito isso, muitas vezes é aconselhável pedir a opinião sincera de um amigo cujas ideias você valoriza. Descubra quais hábitos você deve adquirir e de quais deve se livrar.

2. Invista em você com todo o entusiasmo. No início da vida, Benjamin Franklin elaborou uma lista de treze virtudes que desejava cultivar. A cada semana ele se concentrou em uma delas até completar as treze. Depois voltou ao início e recomeçou, e ficou repetindo esse processo até dominar todas as treze virtudes. Franklin percebeu que um hábito nada mais é do que resultado de uma repetição. Torne a formação de novos hábitos a conquista mais importante do mundo para você.

3. Aproveite todas as oportunidades para praticar suas novas resoluções. Por exemplo, se você concluiu que não sorri o suficiente (e, como vimos, sorrir deixa mais feliz a pessoa que sorri!), comece agora mesmo. Sorria para si mesmo no espelho enquanto lava o rosto pela manhã e sorria para todo mundo que encontrar durante o dia. Se alguém pisar em seu pé no elevador ou empurrá-lo no metrô, sorria para a pessoa também. Se fizer isso e mantiver o sorriso, não demorará muito para que você fique conhecido como uma das pessoas mais simpáticas da cidade.

4. Não invente desculpas. O grande filósofo e psicólogo norte-americano William James disse: "Cada lapso é como deixar cair um novelo de barbante; um único deslize desfaz mais do que muitas voltas enrolarão de novo." A romancista Edna Ferber me disse que se forçava a escrever pelo menos seis horas por dia. Ela confessou que muitas vezes não tinha assunto e ansiava por fazer outras coisas, mas mantinha a fé em si mesma. Se você deseja criar um novo hábito, não se permita relaxar nesse processo. Se você se perder, retorne imediatamente ao seu programa. Não precisa se repreender, mas também não dê ouvidos às suas desculpas.

5. Assuma compromissos definitivos. Qualquer atleta verdadeiramente bem-sucedido é alguém que assume compromissos definitivos. Jovens atletas – de patinadores artísticos a boxeadores – treinam todos os dias durante o ano inteiro, além de atender às exigências escolares. Eles não permitem que o desejo por atividades de lazer afete o objetivo de ser o melhor. Se você decidir fazer algo difícil, mantenha esse objetivo na frente e no centro da sua mente e das suas ações. Reforce o compromisso ao torná-lo público. Conte a todos os seus amigos, para que, caso você não o cumpra, eles cobrem de você. Isso garantirá sua dedicação à resolução até o fim.

6. Jogue alguns jogos. Pelo menos uma vez por semana, pratique jogos que exijam esforço físico e outros que exijam inteligência, como bridge e xadrez. Se você se envolver em atividades competitivas (físicos ou mentais) só por diversão, seu espírito esportivo será reforçado. Esses jogos podem ajudá-lo a desenvolver hábitos altruístas, pois ensinam as regras do bom comportamento social, aumentam o charme de sua personalidade e conquistam muitos amigos.

7. Faça algo pelos outros. Dê aulas na escola dominical da igreja ou colete alimentos para os famintos em seu bairro. Angarie fundos para a Cruz Vermelha ou outra organização de caridade. Torne-se ativo no escotismo. O mais importante é sair e fazer algo pelos outros. Podemos achar que, se quisermos alcançar alguma coisa, precisamos nos concentrar em nós mesmos e em nosso progresso. Embora isso seja verdade, pensar nos outros é mais eficaz ainda. Pense em algum momento em que você se sentiu feliz. Você estava pensando em si mesmo?

8. Tenha interesse pelo seu trabalho. Aprenda a fazer seu trabalho especialmente bem e coloque seu coração e sua alma nele. Concentrar-se na excelência do seu trabalho o impedirá de pensar em si mesmo. À medida que seu altruísmo aumentar, você descobrirá que os outros estão ficando cada vez mais atraídos por você e seu sucesso também aumentará.

Existe uma crença amplamente difundida de que três semanas de esforço repetido criam um hábito. Se você quiser aumentar a força da parte superior de seu corpo, por exemplo, pode resolver fazer algumas flexões todos os dias durante três semanas (de preferência, sempre no mesmo horário). Quando repetimos a mesma coisa várias vezes, as vias sinápticas do cérebro associadas a esse comportamento se acostumam a ser usadas. Isso facilita a movimentação dos impulsos que percorrem essas vias, tornando o comportamento mais confortável e natural. Antes mesmo de perceber, você criou o hábito.

As ideias discutidas nas duas últimas regras serão mais elaboradas em outras partes deste livro. A ideia principal é que você deve se dedicar totalmente ao seu plano de gerar um novo eu. Mas não se assuste. Lembre-se de que você cria a verdade sobre si mesmo – e que a verdade é que você é determinado e coerente.

7

Mantenha-se em boa forma física e mental

Sabemos como é benéfico fazer exercícios regularmente. Se você se exercita, sabe como é bom se levantar e se mover e como você se sente mais energizado nos dias em que se exercita. Além disso, manter a saúde em dia faz parte do desenvolvimento das boas qualidades que nos ajudarão a levar uma vida feliz. Inevitavelmente ficamos mais bem-dispostos e entusiasmados quando nos sentimos saudáveis. Isso transparece em nosso comportamento e nos torna mais atraentes.

Obter o máximo de energia de nosso corpo é um dos desafios mais importantes que você enfrenta. É preciso se concentrar em como evitar o cansaço e desenvolver a capacidade de fazer mais com menos esforço.

No livro *More Power to You*, Walter B. Pitkin diz:

> *Não importa o que faça, você aproveita melhor as energias com períodos curtos e frequentes de descanso. Isso permitirá uma recuperação imediata da contração muscular e das pequenas tensões que ocorrem na fadiga mental. A duração dos períodos de descanso deve variar de acordo com o tipo de trabalho, mas intervalos longos são extremamente ineficientes. Funcionários que executam trabalhos braçais levemente pesados durante oito horas por dia comprovam essa regra. Eles realizam tanto em um único dia com intervalos de descanso curtos e fre-*

quentes – totalizando cerca de uma hora e meia – quanto em quatorze dias com descansos longos e pouco frequentes!

Em resumo: um homem que faz trabalhos braçais levemente pesados pode realizar tanto em um dia com pequenos intervalos de descanso quanto poderia realizar em duas semanas sem descansar.

Parece absurdo, então perguntei ao dr. Pitkin se esses dados realmente eram verdadeiros e ele respondeu: "Claro que sim." Ele os retirou de um estudo de George H. Shepard intitulado "The Effect of Rest Periods on Production" (O efeito dos períodos de descanso sobre a produção).

Como você pode aplicar esse insight? Relaxe sempre que possível. O John D. Rockefeller mais velho tinha um sofá no escritório e, por mais que estivesse muito ocupado construindo a maior fortuna do mundo, tirava uma soneca de meia hora todo dia ao meio-dia. Esse provavelmente foi o segredo de sua vida longa.

Napoleão também tinha a capacidade de adormecer praticamente na hora que quisesse e muitas vezes tirava cochilos de apenas dez ou quinze minutos. Quanto a Thomas Edison, as pessoas costumavam dizer que ele dormia apenas quatro horas por noite. Por mais que fosse verdade, Edison tirava cochilos ao longo do dia: parava de trabalhar, se deitava e dormia. Quando se levantava, enfrentava os problemas com vitalidade e vigor renovados.

Faço isso há anos. Tento tirar duas sonecas todo dia: uma curta ao meio-dia e outra mais longa por volta das cinco da tarde. Como dou cursos de oratória para adultos, costumo trabalhar dia e noite. Descobri que, se tirar um cochilo por volta das cinco horas, consigo trabalhar até meia-noite com facilidade e entusiasmo. Se não fizer isso, fico cansado e exausto. O cochilo no final da tarde faz milagres por mim.

Você pode estar se perguntando como indivíduos que não são trabalhadores autônomos podem tirar uma soneca. Felizmente, não é necessário dormir nem mesmo se deitar. É possível relaxar apenas usando um conjunto diferente de músculos. Por exemplo, se você trabalha diante de uma mesa o dia inteiro, levante-se uma vez a cada hora, se espreguice, passeie pelo escritório e olhe pela janela. Recentemente, em meu escritório, dei ordens para que todos se levantassem e andassem por cinco minutos a cada hora. E acrescentei: "Isso não é só uma permissão para que vocês saiam da mesa se quiserem. Isso é uma ordem." Na verdade, Walter Pitkin diz que esse é um modo muito melhor de relaxar do que se deitar, pois, quando você se deita, pode perder o ritmo, ficar apático e prejudicar o trabalho no restante do dia. Mas, ao se alongar e se movimentar, você envia sangue para um conjunto diferente de músculos e renova suas energias.

Isso é razoável. Na verdade, é tão razoável que o Exército dos Estados Unidos adotou esse método. Os regulamentos de campo para a infantaria exigem que os homens marchem 45 minutos, parem, pousem as mochilas e descansem quinze minutos. Após o aquecimento, eles marcham cinquenta minutos e descansam dez.

Pessoas que sofrem de colapsos nervosos ou algum tipo de distúrbio nervoso ocupam metade de todos os leitos hospitalares nos Estados Unidos, segundo os irmãos Mayo, grandes cirurgiões. Encaramos o dia em um ritmo nunca sonhado e, se não conservarmos a cota de energia que a natureza nos deu, ficaremos inutilizados muito antes do tempo.

Eis algumas regras sugeridas pelo dr. Pitkin em *More Power to You*:

1. Relaxe pelo menos uma vez a cada hora. Se trabalhar em pé, sente-se, estique as pernas e relaxe. Se trabalhar sentado, levante-se, alongue-se e caminhe. A ideia é remover a tensão da parte do corpo que você estava usando.

Você também pode fazer uma pausa de cinco minutos para meditação. Pode ser em qualquer lugar. Apenas se sente ereto, feche os olhos e se concentre na respiração. Tente não pensar em nada além da experiência da respiração entrando e saindo do corpo. Você pode não ter muito êxito em um escritório ou uma fábrica movimentada, mas vale a pena tentar, mesmo que sua mente divague.

2. Durma o suficiente. O sono é o melhor remédio do mundo. Descubra de quanto sono precisa e veja se consegue dormir o necessário. Vá para a cama em um horário definido toda noite. O sono é uma questão de hábito, e você pode se treinar para dormir em determinada hora. Lembre que seu corpo precisa se renovar a cada 24 horas, então não fique pensando em problemas quando encostar a cabeça no travesseiro.

Hoje em dia muitos de nós não descansamos por um tempo adequado à noite. Podemos nos sentir bem o suficiente para funcionar no dia seguinte, mas se sentir bem o suficiente não é tudo, concorda? A falta de sono reduz nossas habilidades cognitivas e dificulta o aprendizado. Também pode nos tornar vulneráveis a doenças cardíacas, ataque cardíaco, pressão alta, derrame e diabetes. Estudos recentes mostram que pessoas privadas de sono são mais propensas a comer demais, o que contribui para o descontrole de peso que muitos de nós têm. Não é benéfico fazer mais em um dia específico ou ter mais tempo para estudar se nos privarmos do sono.

3. Coma adequadamente. Diferentes tipos de trabalho exigem diferentes tipos de alimento. Um homem que faz um trabalho manual precisa de comida pesada e nutritiva: carne e batatas. Mas quem trabalha com a mente deve ter cuidado para não comer demais. Um único amendoim salgado pode ser suficiente para sustentar duas horas de trabalho intelectual. Meu almoço, por exemplo, consiste em uma maçã e um pedaço de queijo ou uma maçã e um copo de leite, e isso é suficiente para me manter bem ao longo de uma tarde de trabalho.

4. Vigie seu peso. Esta regra é quase como a anterior. Não se deixe ficar muito gordo nem muito magro. Se estiver acima ou abaixo do peso, você vai ficar em desvantagem.

5. Cuide dos dentes. Pode parecer bobagem, mas milhares de pessoas que costumam ser inteligentes trabalham abaixo da capacidade porque estão negligenciando seus dentes. O mesmo vale para os calçados. O Exército dos Estados Unidos avaliou 30 mil homens e descobriu que quatro em cada cinco usavam o tipo errado de calçado. Se seus pés doem no fim do dia, alguma coisa está errada.

6. Organize seu trabalho. Sua saúde mental permanecerá boa se você não enlouquecer com distrações. Funcionários de escritório, mantenham a mesa sem nenhum papel além daqueles em que estão trabalhando.

7. Nunca trabalhe quando estiver doente. Se você não espera que um relógio funcione quando está com defeito, por que deveria esperar que seu corpo continue ativo? Se estiver doente, vá para a cama, chame o médico e fique no estaleiro até se sentir bem. Lembre-se: a bateria tem energia limitada, e o modo de fazê-la durar é usar seu bom senso.

Em suma, cuidar do corpo e do cérebro com um bom repouso e uma boa nutrição é fundamental para podermos desenvolver boas qualidades. Assim gostaremos mais de nós mesmos, e as outras pessoas também.

8

Seja confiante

Você se considera uma pessoa solitária? Fica mais feliz quando está lendo um bom livro ou dirigindo sua moto em uma estrada deserta? Ou a fama de solitário é só uma desculpa para não se envolver com outras pessoas? Quase todos nós temos medos que nos impedem de fazer certas coisas. Por medo de atravessar pontes, optamos por um caminho mais longo; ou, talvez por não nos sentirmos à vontade para falar em público, não participamos do comitê de eventos de nosso escritório. Quais as coisas que você evita fazer por não ter autoconfiança?

O medo do fracasso e o medo da rejeição, somados à ansiedade (medo do medo!), podem nos levar a limitar nossas experiências e também nossa capacidade de alcançar o sucesso e a felicidade. Ter confiança suficiente para simplesmente ir em frente e fazer o que parece assustador é um grande desafio e traz uma enorme recompensa.

Conheço um homem que tem o que acredita ser o segredo do sucesso. Ele não completou seus estudos. Frequentou o ensino médio por apenas três meses mas, apesar disso, ganhou 3 milhões de dólares em dois anos e meio. Em 1915, ele tinha 43 anos e estava desanimado; tinha uma dívida de quase 10 mil dólares e sua casa estava hipotecada. No entanto, dois anos e meio depois, já era milionário. Ele tinha trabalhado a vida toda no setor de alimentos, até 1915. Ao longo desse período, não conseguia distinguir latão de cobre, mas, nos dois anos seguintes, construiu e assumiu o controle acionário da maior laminadora de latão do mundo. Até 1917, ele jamais tinha estado a menos de 800 metros de um avião, mas de repente foi nomeado vice-presidente e gerente-geral da Curtis Airplane Company, a maior fábrica de aviões dos Estados Unidos.

Seu nome é W. A. Morgan. Embora ele tenha ganhado dinheiro no boom econômico criado pela Primeira Guerra Mundial, também devemos lembrar que em 1917, enquanto cem milhões de norte-americanos ainda não haviam feito nenhum progresso na vida, Morgan estava construindo uma carreira espetacular para si mesmo.

O sr. Morgan credita esse sucesso a um pequeno livro chamado *The Magic Story*. Não é muito longo, é possível lê-lo em uma hora e lhe deu coragem. Tenho visto essa qualidade revolucionar a vida de milhares de homens, assim como certamente revolucionou a dele. O sr. Morgan acredita que a coragem é o fator mais importante na batalha pelo sucesso.

– Estive adormecido durante quarenta anos e não sabia disso – diz ele. – Eu não era mais inteligente quando ganhava 1 milhão de dólares por ano do que quando ganhava 25 dólares por semana. A única diferença era que eu havia superado meus medos e desenvolvido coragem e autoconfiança.

"Naquele livrinho, li as seguintes palavras: 'Tudo que você deseja de bom é seu. Você só precisa estender a mão e pegar. Não tenha medo. Vá em frente e faça o que deve ser feito.'

"Eu acreditei nessas palavras. E as li centenas de vezes. Levava o livrinho para a cama e dormia com ele embaixo do travesseiro. Vivi seus ensinamentos e descobri que poderia realizar coisas antes impossíveis assim que vencesse o medo e confiasse que poderia fazer qualquer coisa que tentasse."

Um incidente ocorrido durante a Primeira Guerra Mundial o ajudou. Ele estava tentando obter um pedido para fabricar latão para a Marinha britânica.

– Para conseguir esse pedido – lembra ele –, precisei apelar para um dos maiores banqueiros de Wall Street. Eu tinha medo daqueles grandes banqueiros. Achava que eram super-homens, maiores e mais inteligentes do que eu. Meus joelhos tremiam quando eu entrava no escritório deles. Foi aí que descobri que um dos financistas mais famosos dos Estados Unidos não havia lido meu telegrama direito; ele cometeu um erro ao redigir meu contrato. Percebi imediatamente que esses chamados grandes homens são tão humanos quanto você e eu, e igualmente sujeitos a cometer erros. Daquele dia em diante, nunca mais tive medo de homem nenhum, por maior que fosse.

O sr. Morgan diz que qualquer um pode realizar mais coisas se simplesmente acreditar e agir em conformidade.

– Nós estabelecemos limitações para nós mesmos – diz ele. – Em grande parte, não conseguimos fazer as coisas porque achamos que não conseguiremos. Eu costumava dizer aos meus associados que os demitiria se eles dissessem que alguma coisa era impossível.

É verdade que algumas coisas são impossíveis. Você não pode alcançar a lua, por exemplo, por mais confiança e coragem que tenha.

– Porém – diz o sr. Morgan –, podemos chegar mais perto da lua do que podíamos anos atrás, simplesmente porque os irmãos Wright em Dayton, Ohio, acreditaram que podiam voar e tiveram coragem e confiança para tentar voar enquanto todos riam deles. A fé remove montanhas. Eu sei disso porque vi a fé realizar milagres na minha própria vida.

Acredito que o medo derrota mais pessoas que qualquer outra coisa no mundo, e sei que podemos dominar o medo pela força de vontade e com pensamentos corajosos.

O medo não existe em nenhum lugar, exceto na mente. Mas, embora seja apenas uma ideia, pode nos derrubar. Muitos líderes reconheceram o poder do medo para desalentar um povo e exterminá-lo. Napoleão sustentava que existem quatro elementos que compõem um exército: tamanho, treinamento, equipamento e moral. E acrescentava que o moral era mais importante que os outros três juntos. Em outras palavras, a confiança, a coragem e a força de vontade de um exército tinham mais importância para seu sucesso do que o tamanho, o treinamento e a quantidade de armas. Confiança e coragem são tão importantes nas batalhas comerciais quanto nas batalhas militares.

Como você pode desenvolver a coragem? Exercite-a. Assim como você desenvolve um braço forte ou um corpo forte por meio de exercícios, também pode desenvolver a coragem se utilizá-la. Ralph Waldo Emerson aconselhava: "Faça o que você tem medo de fazer, e a morte do medo é absolutamente certa."

Se você tem medo de ligar para alguém, ligue para essa pessoa amanhã. Seu medo pode ser tão grande que o leva a andar de um lado para outro em frente à casa ou ao escritório dele. Como já mencionei, isso não fará o indivíduo rir de você. Ele sentirá que você deve achá-lo muito importante, senão não teria medo dele. Além disso, ele entenderá sua experiência: sem dúvida também já teve medo de alguém e respeitará sua coragem em encará-lo.

Aumentar a autoconfiança é um processo simples de duas etapas. O primeiro passo é formular pensamentos corajosos. Se dissermos a nós mesmos que estamos fadados ao fracasso, isso acontecerá. Você não ouve políticos dizerem à mídia que vão perder uma eleição. Eles pensam de forma confiante e expressam esses pensamentos. Isso não apenas estabelece o "fato" de que são bem-sucedidos na própria mente como também transmite aos que os cercam a mensagem de que eles são bem-sucedidos. As pessoas que ouvem essa mensagem poderão votar nesse político. Elas jamais votariam em alguém que diz que vai perder. Para quê?

O segundo passo, mesmo que ainda não tenhamos dominado o primeiro, é fazer aquilo que o amedronta. Sinta o medo e faça assim mesmo. Ao chegar à ponte, continue dirigindo. Apareça na reunião do comitê e se ofereça para ajudar. Depois de fazer a coisa (ou as coisas) que o deixa desconfortável, você se tornará cada vez mais autoconfiante e perceberá que consegue fazê-la. À medida que sua confiança aumenta, você pode nem perceber que o medo diminui cada vez mais. Até chegar o momento em que não sente mais medo.

9

Desenvolva sua determinação

UMA QUALIDADE POSITIVA QUE DEVEMOS cultivar no programa de autoaperfeiçoamento é a determinação. Podemos dividir a determinação em parte obstinação e parte equilíbrio. A obstinação sem controle muitas vezes pode nos fazer mais mal do que bem. Todos nós já vimos alguém mantendo uma posição de modo ferrenho, mesmo diante de claros fatos que provam o contrário. Um indivíduo assim nos parece irracional e teimoso, não alguém com quem gostaríamos de socializar ou ter em nossa equipe de trabalho. Mas, com equilíbrio – a disposição de adotar uma posição objetiva e trabalhar com perseverança na busca por um resultado positivo –, a obstinação se transforma em uma vantagem. Essa determinação nos levará a atingir todos os tipos de objetivo, nos tornará companheiros e colegas de trabalho desejáveis e nos trará grande satisfação pessoal.

Uma atitude positiva é fundamental para o sucesso e a felicidade, mas não podemos confiar apenas em nossos pensamentos para manifestar o bem na nossa vida. Precisamos ter determinação para alcançar o que queremos.

Como demonstra a história de W. A. Morgan, milhares de pessoas atingiram o auge do sucesso após os 40 anos. William Alexander Newman Dorland, uma autoridade em medicina, descobriu em um estudo que 400 dos homens mais famosos do mundo tinham em média 50 anos quando produziram suas maiores obras. E a maioria deles ainda estava atuante, com excelentes resultados, muitos anos depois dos 50.

O grande compositor Giuseppe Verdi, por exemplo, estava com 74 anos quando deu ao mundo uma de suas obras-primas: a ópera *Otello*. Já com mais de 70 anos, o comodoro Cornelius Vanderbilt aumentou os 190 quilômetros de suas ferrovias para 16 mil quilômetros – acrescentando também à sua fortuna a saudável quantia de 100 milhões de dólares. Aos 83 anos, William Gladstone iniciou seu quarto mandato como primeiro ministro da Inglaterra. Também com 83 anos, Alfred Tennyson nos presenteou com seu belo e sublime poema "Crossing the Bar". William Wordsworth estava com 73 anos quando recebeu a maior honraria que pode ser concedida a um homem de letras britânico: o título de poeta laureado. E, aos 79 anos, Georg Friedrich Händel deu ao mundo seu belo *O triunfo do tempo e do desengano*.

Derrotado depois dos 40? Ridículo! Dê uma olhada na lista *Who's Who*. Quase todas as pessoas famosas que estão nesse dicionário biográfico – 98% delas, para ser mais exato – têm mais de 40 anos. E qual você acha que é a idade média dos dirigentes das maiores organizações industriais, comerciais e financeiras dos Estados Unidos? Cinquenta e oito anos!

Passei uma noite no camarim do falecido Howard Thurston, o rei dos mágicos, da última vez que ele se apresentou na Broadway. Foi quando ele me disse que só atingiu o auge da fama depois dos 40. O ator Lionel Barrymore me disse a mesma coisa.

Então por que ficar girando os polegares e desejando ser dez anos mais jovem? Segundo um de nossos psicólogos mais notáveis, você pode começar a aprender um novo ofício ou qualquer coisa que deseje aprender até pelo menos 45 anos, e talvez até depois. E você pode fazer isso com uma reconfortante confiança no sucesso, pois sua idade é uma vantagem.

Por que não aproveitar seus talentos, seu equilíbrio, seu conhecimento, sua experiência, sua capacidade de fazer um trabalho melhor? Por que não fazer como fizeram inúmeros homens e mulheres geniais? Uma carreira para você após os 40? Com certeza! Pode acontecer! Já aconteceu muitas vezes.

A famosa dona de restaurantes de Nova York Alice Foote MacDougall me disse:

– A última coisa no mundo que eu esperava fazer era sustentar a mim mesma. Quando eu era uma garotinha, tinha tudo que meu coração desejava. Minha família era rica e fui criada para ser tão mimada quanto as outras jovens da minha época. Se alguma pessoa estivesse menos preparada que eu para abrir um negócio, eu gostaria de conhecê-la.

"Aos 21 anos, me casei com um cavalheiro aparentemente abastado. Três meses depois, eu já estava muito desiludida. E dez anos depois veio a crise. Minha saúde estava arruinada, eu estava sem um tostão e tudo que eu tinha no mundo eram três criancinhas. E eu tinha que arrumar um jeito de ganhar dinheiro suficiente para alimentar meus bebês.

"Eu costurei. Cantei. Preparei conservas. Fazia qualquer coisa para ganhar alguns centavos. Eu me arrastei assim por vários anos até que finalmente percebi que não conseguiria sustentar meus filhos com esses empregos temporários. Só havia uma coisa a fazer: eu tinha que abrir um negócio por conta própria. Eu tinha 40 anos na época, mas parecia ter pelo menos 50.

"Entrei no negócio de cafés. Era o negócio do meu marido. Ele havia feito uma deliciosa mistura para nosso uso, então decidi montar um negócio para vender, pelo correio, essa mesma mistura. Eu só tinha 38 dólares, mas aluguei um escritório minúsculo na Front Street, na parte baixa de Manhattan.

"Consegui vender alguma coisa, mas éramos extremamente pobres. Havia contas e mais contas, e nada para pagá-las. Eu acordava às seis da manhã e chegava em casa tarde da noite. Será que algum dia me esquecerei daquelas noites frias de inverno, quando eu entregava café de porta em porta?

"Sim, às vezes eu ficava bem desanimada, sentindo que nada ia dar certo e que eu nunca mais seria feliz. Mas, em momentos assim, eu me recompunha repetindo várias vezes as famosas frases do poeta Browning: 'Aquele que nunca virou as costas, marchando em frente de peito aberto, nunca duvidou que as nuvens sumiriam.'

"A vida me desafiava. Minha dedicação aos meus filhos me desafiava. Eu simplesmente não podia dizer 'fracassei', mesmo quando coisas fora do meu controle me afetavam.

"Certa vez, quando eu estava me estabilizando, o mercado entrou em colapso. Mais uma vez, fui forçada a me mudar. Isso significava novos papéis timbrados – despesas adicionais – numa época em que cada centavo fazia diferença. Um dia, uma greve nos correios paralisou meu negócio. Muitas vezes eu me perguntei como tudo aquilo ia acabar.

"Eu gastava cerca de 2 mil dólares por ano fazendo propaganda do meu negócio de vendas pelo correio. 'Se eu pudesse gastar a mesma quantia em uma lojinha', ponderei, 'teria contato pessoal com o público, e acho que isso daria melhores resultados.' Assim, consegui algum dinheiro emprestado e aluguei uma lojinha na Grand Central Station.

"Na época, só vendíamos café, e isso não deu muito certo. O homem que alugou o espaço para mim disse que quase 300 mil pessoas passariam pela nossa porta todos os dias. Então, visões de vendas de pelo menos 50 mil quilos de café por dia surgiram na minha mente. Mas quantos quilos você acha que vendemos de fato no primeiro dia?

"Dois quilos e meio! Exatamente dois quilos e meio de café! Claro que depois a coisa melhorou um pouco, mas, ao final de dois anos, o contador disse que meu filho e eu estávamos com prejuízos terríveis. 'Feche a loja', aconselhou ele.

"'Não posso fazer isso', respondi. 'Me dê só mais seis meses.'

"Tudo continuou na mesma até um dia com muito vento e chuva. Os corredores da Grand Central estavam lotados com uma multidão encharcada e esfolada. 'Não seria bom se eu pudesse ajudar algumas dessas pobres pessoas?', pensei. Assim, em um impulso, liguei para casa e pedi que me trouxessem nossa fôrma de waffles. Preparei waffles e café e servi tudo de graça. As pessoas gostaram tanto que insistiram que eu servisse waffles e café todos os dias (não de graça, claro). No fim de cinco meses, a maré já tinha virado. Uma fila de espera de meio quarteirão premiou a minha persistência.

"Esse foi o início da minha rede de restaurantes. O seguinte foi o Cortile, na rua 43. No fim do dia da inauguração, eu achava que ninguém ia querer comer lá. Nunca fiquei tão desanimada na vida! Veja bem, havia uma cláusula no contrato que dizia que nenhum cheiro de comida seria permitido. Eu disse aos proprietários que os waffles não iam espalhar cheiro nenhum. E eu sinceramente acreditava que não. Imagine como me senti quando o ar ficou azul com a fumaça da fôrma de waffles! O lugar ficou fedendo a waffles! Sarah, nossa cozinheira, ficou arrasada. Assim, eu tive que cozinhar e servir naquele dia! À noite, tive que encarar outra crise no meu negócio. Todo o crescimento e os lucros futuros iam se esvair em uma nuvem de fumaça!

"Mas a sorte estava do meu lado! Consegui convencer os donos do prédio a serem pacientes até que eu pudesse instalar um sistema de ventilação. E assim mantive o Cortile. No fim de cinco anos, eu já havia inaugurado seis restaurantes, e o negócio valia 2 milhões de dólares.

"As dificuldades são úteis. Quanto mais a gente luta, mais cresce. Frio, fome e dor não são nada. Isso tudo passa."

A sra. MacDougall encontrou uma carreira depois dos 40 anos.

– Qualquer um consegue – diz ela. – Não importa quantos anos você tem, quem você é ou quanto você sabe: o que importa é o que você faz e quanta disposição e imaginação coloca no que faz. A única maneira de vencer é entrar no ponto mais feroz da batalha e lutar, lutar até vencer! E você vencerá se, no fundo do seu coração, estiver determinado a vencer.

Em 1930, a sra. MacDougall decidiu vender seus seis restaurantes e se aposentar. Mas, dois anos depois, a nova gestão fracassou.

– Tive a trágica experiência de ver tudo com que sonhei e pelo qual trabalhei prestes a se reduzir a nada – lembra ela. – Não havia mais nada que eu pudesse fazer a não ser começar de novo.

Ela acabou recuperando quatro de seus restaurantes, todos em condições muito prósperas.

Essa, creio eu, é a parte mais inspiradora da história dela. Ser capaz de construir um maravilhoso sucesso comercial depois dos 40 anos é uma conquista da qual se orgulhar. Mesmo assim, devem ter sido necessárias muita fé e perseverança para ver tudo isso desmoronar e ter a disposição e a força de vontade para construir tudo de novo.

A sra. MacDougall tem um lema que diz ter feito maravilhas por ela: "São apenas três palavrinhas: propósito, perseverança e preces." Isso é realmente lindo – e repleto de bom senso também.

William James disse certa vez: "O que fazemos em comparação com o que poderíamos ter feito é como comparar as ondas na superfície do mar com a grande profundidade do oceano."

Vash Young foi um popular autor motivacional de vários livros de sucesso. Sua juventude, entretanto, foi repleta de lutas e dificuldades. O sr. Young culpa a si mesmo pelos fracassos iniciais; seus pensamentos eram seu pior inimigo. De repente, ele percebeu que, mudando os pensamentos, poderia mudar a própria vida. Ele elaborou uma lista de qualidades que desejava ter e decidiu pensar nessas qualidades, viver essas qualidades e ser essas qualidades. As nove qualidades que, segundo ele, transformariam o fracasso em sucesso eram: amor, coragem, alegria, atividade, compaixão, cordialidade, generosidade, tolerância e justiça. O sr. Young admitiu que foi bastante difícil mudar tanto a própria vida. Porém, ele estava determinado e por fim teve êxito, ao mesmo tempo que obteve sucesso como empresário.

Determinação e aplicação são dois dos principais requisitos em qualquer empreendimento. Se você decidir alcançar algo e perseguir seu objetivo com perseverança e trabalho árduo, começará a progredir quase antes de perceber.

O lema da sra. MacDougall pode ser curioso, mas vale a pena ser lembrado. O que de fato precisamos é propósito, a motivação para correr riscos e fazer um esforço; perseverança, a disposição para prosseguir, mesmo quando parece que estamos falhando; e preces, a fé de que alcançaremos o resultado perfeito.

10

Procure oportunidades

Talvez você seja uma pessoa de sorte e pareça estar sempre no lugar certo na hora certa. Mas e se, como a maioria de nós, você não for? Você terá que construir a própria sorte procurando caminhos para avançar na carreira.

Jason F. Whitney nunca cursou o ensino médio nem a faculdade. Na verdade, recebeu toda a sua educação formal em uma pequena escola do interior. No entanto, tornou-se presidente da Kraft-Phenix Cheese Company e, depois, diretor da Chicago Civic Opera Company.

Eu posso falar sobre esse homem com autoridade e afeto, pois, quando cheguei a Nova York vindo do Meio-Oeste, nós dois moramos na mesma pensão. Na verdade, durante um ano inteiro dividimos o mesmo quarto e a mesma cama.

A certa altura, o sr. Whitney foi trabalhar em uma mercearia. Os médicos já o haviam informado que ele tinha tuberculose. Disseram que, se ele não largasse o emprego, pegasse sol e descansasse um pouco, estaria morto em seis meses. Mas ele tinha uma esposa e uma família para sustentar e não podia pedir demissão. Assim, em vez de morrer, como os médicos profetizaram, ele se tornou um dos homens mais saudáveis e bem-sucedidos do país.

O sr. Whitney atribui seu sucesso ao trabalho árduo, mas essa está longe de ser a única explicação. Meu pai, numa fazenda do Missouri, provavelmente trabalhou mais do que o sr. Whitney, mas não construiu uma fortuna.

Você não pode esperar ser bem-sucedido a menos que trabalhe muito, mas o trabalho árduo por si só não é suficiente. Creio que existem vários outros fatores, e um deles é ter uma determinação duradoura de alcançar o sucesso.

O primeiro emprego do sr. Whitney foi em um açougue.

– Trabalhei lá porque me ofereceram abrigo, alimentação e roupas – lembra ele. – Eu não recebia nenhum salário. Tinha abrigo e alimentação, mas nunca recebi as roupas que me prometeram. Então pedi demissão.

Mesmo naquela época, ele estava determinado a ser presidente de uma grande empresa.

Seu trabalho seguinte foi entregar leite.

– Consegui um emprego que me dava abrigo e alimentação e me pagava 10 dólares por mês – diz ele. – Eu rastejava para fora da cama à uma da manhã. Às duas, já estava entregando leite. Não tínhamos garrafas de leite na época, então eu carregava o latão de leite e um medidor.

"Minha rota atravessava as áreas mais pobres de uma cidade industrial. Lembro que eu costumava entrar naqueles barracos às duas da manhã. Às vezes havia tanta gente na família que metade das pessoas dormia no chão. Eu passava por cima deles para entrar na cozinha e deixar o leite. Fazia entregas das duas às nove da manhã. Das três da tarde às sete da noite, eu ficava no campo, pegando mais leite para o dia seguinte."

No entanto, ele ainda se via no topo.

– Eu achava que no topo havia menos competição. Apesar de não ter muita escolaridade, eu sentia que poderia chegar lá e que chegaria lá. Mas sabia que nunca chegaria a lugar nenhum entregando leite em uma cidade pequena. Então fui para Boston, onde estavam as oportunidades.

Ele conseguiu um emprego na S. S. Pierce Company, que produzia alimentos.

– Eu me interessei especialmente pelo departamento de queijos e perguntava a todos os caixeiros-viajantes como o queijo deles era feito. Cheguei a ler livros sobre queijos e estudei todos os detalhes do assunto. Por fim, cerca de sete anos depois, fui nomeado chefe do departamento de queijos.

Quando vendia queijos atrás do balcão para a S. S. Pierce, em vez de desperdiçar a hora de almoço, ele se limitava a comer um sanduíche e tomar uma xícara de café. Depois saía e tentava vender queijos por atacado.

– À noite, eu voltava para casa a pé para economizar um centavo, que era o preço da passagem. Além disso, eu tentava vender queijos para os comerciantes ao longo do caminho – relembra ele.

Isso é extremamente significativo, pois demonstra que ele tinha entusiasmo pelo trabalho e não ficava olhando para o relógio e embromando no serviço. Ano após ano, ele fez tudo que estava ao seu alcance para servir à empresa. As pessoas que agem assim geralmente progridem.

O sr. Whitney deixou a S. S. Pierce porque sentiu que as oportunidades ali eram limitadas. Assim, quando tirou férias, comprou uma passagem para Canajoharie, no estado de Nova York, onde se situava a Beech-Nut Packing Company. Ele se encontrou com o presidente da empresa e disse que sempre admirou os seus produtos e que queria trabalhar para ele.

A Beech-Nut lhe deu um emprego que envolvia viajar pela Nova Inglaterra. Alguns meses depois, ele foi enviado a Nova York para cuidar do departamento de queijos.

Eis outro fator determinante para o sucesso do sr. Whitney: quando ainda era chefe do departamento de queijos, ele aconselhou a empresa a fechar o departamento – só para lembrar, o departamento do qual ele era chefe. Ele achava que, como o queijo era um produto perecível e os outros produtos da empresa não eram, a Beech-Nut poderia evitar muitos problemas e despesas se livrando do departamento.

Você consegue imaginar a impressão que o sr. Whitney causou na empresa quando disse que eles deveriam acabar com o departamento que ele mesmo chefiava? Quantas pessoas teriam tido tanta coragem e tanto desprendimento?

A Beech-Nut fechou o departamento de queijos e nomeou o sr. Whitney gerente do departamento de chicletes. Seu trabalho seria lançar, sem gastar nada em publicidade, um chiclete que jamais estivera à venda em Nova York.

– Admito que foi um trabalho difícil – diz o sr. Whitney. – Ninguém tinha ouvido falar do chiclete da Beech-Nut. Além disso, cobrávamos 60 centavos pela caixa de chicletes, enquanto os outros fabricantes cobravam apenas 48 ou 50 centavos. Enviamos vendedores para os atacadistas e intermediários, mas eles apenas riram de nós.

"Colocamos chicletes em lugares que nunca tinham vendido chicletes – restaurantes, açougues, barbearias –, onde quer que as pessoas se reunissem. Não pedíamos aos donos das lojas para pagarem pelos chicletes. Apenas deixávamos uma caixa com eles e dizíamos: 'Se vender esses chicletes, você nos paga 60 centavos e fica com 40. Se não conseguir vendê-los, nós viremos buscá-los.' Ninguém podia se opor a isso! Nós deixavamos os chicletes em consignação. E o sistema funcionou muito bem."

Isso envolveu muito mais que trabalho árduo. Exigiu ideias originais e desenvoltura. O sr. Whitney não estava pensando apenas em vender chicletes. Estava pensando em como os açougues e restaurantes poderiam aumentar a renda sem investir nenhum capital. Em outras palavras, ele pensou em termos dos problemas dos outros e em como resolvê-los. Na minha opinião, esse é o tipo de pensamento que você deve ter para progredir nos negócios.

Além disso, o sr. Whitney soube se instruir maravilhosamente. Ele tinha disposição, determinação e desenvoltura, e conseguia fazer as coisas. Não é de admirar que tenha prosperado!

Lembro-me da noite em que cheguei em casa e ele me informou que havia se demitido da Beech-Nut Packing Company porque o trabalho era fácil demais.

– Comecei a perder o interesse porque já não era um desafio – disse ele. – As coisas estavam correndo bem demais. Eu queria fazer algo que fosse difícil. Queria ação.

O homem que deixa um emprego porque é muito fácil não é um homem que fracassa. Esse é o homem que vence na vida.

A essa altura, o sr. Whitney sentiu que seria uma boa ideia trabalhar em uma empresa relativamente pequena, onde teria a chance de chegar ao topo. Então escolheu a Phenix Cheese Company. Na entrevista com o presidente da empresa, ele vendeu a ideia de se tornar seu assistente. Quando a Phenix Cheese Company foi adquirida pela Kraft Cheese Company, de Chicago, ele foi presidente da nova organização durante três anos, até a fusão com a National Dairy Products.

Vamos resumir os princípios usados pelo sr. Whitney para que você também possa usá-los para progredir.

Em primeiro lugar, ele tinha uma determinação inabalável de seguir em frente. Estava determinado a chefiar uma grande empresa, mesmo quando ainda trabalhava em um açougue. Acredito que uma pessoa deve manter sempre em mente uma imagem de si mesma como a pessoa de sucesso que gostaria de ser. Isso a levará a fazer as coisas necessárias para conquistar o sucesso. Entretanto, ela tem que ser capaz de trabalhar muito e ter bom senso. Conheço um homem que sempre imaginava a si mesmo no topo, mas não tinha essas qualidades. Faltava determinação. Ele pulava de uma coisa para outra. Não era prático, mas um sonhador, e sua ambição nunca o levou a lugar nenhum. Diante dos fracassos e da frustração, se tornou amargurado.

Em segundo lugar, creio que o sr. Whitney teve sucesso porque se empenhou de corpo e alma no trabalho. Tinha tanto entusiasmo que passava o horário de almoço vendendo queijos. Acredito que esse tipo de entusiasmo é mais importante para o sucesso de um negócio que uma inteligência superior.

Em terceiro lugar, ele sempre buscava oportunidades. Saiu de uma pequena cidade para trabalhar em uma das empresas mais destacadas de Boston. Quando percebeu que seu progresso seria lento, foi para a Beech-Nut Packing Company. Quando não lhe deram trabalho suficiente, ele foi para a Phenix Cheese Company como assistente do presidente. Foi uma jogada inteligente. Em outras palavras, ele estava sempre procurando progredir e fazia o que fosse necessário nesse sentido.

Em quarto lugar, ele era determinado. Começou no negócio de queijos, em Boston, e tinha tanta fé nele mesmo que acabou como presidente da Kraft-Phenix Cheese Company.

Hoje em dia ninguém vai aconselhar você a ir a pé do trabalho para casa só para vender um pouco de queijo para a delicatéssen local. Mas alguém pode aconselhá-lo a seguir o exemplo do sr. Whitney na busca de oportunidades. Garantir o nosso bem procurando caminhos em que possamos avançar é uma qualidade muito desejável.

Curiosamente, o sr. Whitney progrediu zelando pelos interesses dos outros. Ele se esforçava para aperfeiçoar os negócios de seus empregadores durante seu tempo livre e chegou a recomendar a extinção do próprio departamento (e, portanto, do próprio trabalho) por achar que estava em descompasso com as demais atividades do empregador. Vou falar sobre pensar nas necessidades dos outros em outras partes deste livro, em conexão com o desenvolvimento de bons relacionamentos, mas essa também é uma ótima estratégia para usar no seu crescimento pessoal.

Se buscarmos oportunidades com o objetivo de ajudar alguém a alcançar seus objetivos, teremos uma probabilidade muito maior de alcançar nosso sucesso e nossa prosperidade. Isso é ainda mais verdadeiro se estivermos trabalhando para nós mesmos: aquilo que oferecemos aos nossos clientes – seja uma nova parede para a casa deles ou uma estratégia para aumentar a participação de seus produtos no mercado – deve estar de acordo com os desejos deles se quisermos desenvolver um negócio próspero.

Assim como o sr. Whitney, devemos sempre procurar novas formas de sermos úteis de modo a amparar nossos esforços para progredir.

11

Use seu tempo com sabedoria

FICAMOS FRUSTRADOS, E ATÉ MESMO com raiva, quando sentimos que alguém desperdiçou nosso tempo. O estranho é que não temos o mesmo sentimento quando nós mesmos desperdiçamos nosso tempo. Isso é curioso, já que nosso próprio desperdício de tempo é algo que podemos controlar. Talvez nossa falta de indignação com nós mesmos explique por que fazemos tanto isso.

Por outro lado, nos sentimos ótimos quando aproveitamos bem nosso tempo. Não é gratificante quando nos sentimos realizados? Pense em como você se sente após fazer algo que considera valioso, seja escrever uma carta atenciosa ou ouvir sua tia-avó contar histórias da infância dela. (Formas significativas de passar o tempo costumam resultar no nosso aprimoramento, mas nem sempre.)

Em seguida, pense em como você se sente após fazer algo que não considera valioso. Talvez você costume acompanhar as notícias sobre alguma celebridade ou ir a uma loja três vezes por semana só para ver o que há de novo. Maneiras inexpressivas de passar o tempo são subjetivas, é claro, mas vamos admitir: você sabe, pelo seu barômetro, quando está desperdiçando tempo.

Todos nós, em algum momento, deixamos de aproveitar ao máximo nosso tempo. As oportunidades de usar mal o tempo mudam muito ao longo dos anos, mas as oportunidades de usá-lo com sabedoria não mudaram muito. Ainda é importante usar seus momentos livres para melhorar a si mesmo, mas também existe a necessidade de relaxamento e rejuvenescimento.

Tempo é algo que todo mundo tem, mas poucos de nós aproveitam ao máximo. Anos atrás, eu estava em um mercado de Paris fazendo compras para o jantar. O vendedor ficou impaciente porque eu passava muito tempo examinando os diferentes legumes e começou a falar furioso comigo. Ele estava falando em francês, e eu não entendia nada. Até que por fim ele disse em inglês: "Tempo é dinheiro."

Essa expressão é tão conhecida que os franceses nem tentam traduzi-la. Sim, tempo é dinheiro em todas as línguas e em todos os países. O tempo é a própria vida. Outros podem ter mais dinheiro, poder ou fama, mas ninguém tem mais tempo do que você. E você nunca terá mais tempo do que tem agora. O modo como gasta seu tempo livre determinará, em grande medida, onde você estará daqui a cinco anos.

Alguns anos atrás, em uma de minhas aulas de oratória, um homem levantou a mão e disse: "Não sei como poderei ter sucesso nos negócios. Eu nem terminei a faculdade." Respondi que ele não precisaria voltar a estudar formalmente: se dedicasse seu tempo de lazer aos estudos, ele conseguiria, em poucos anos, ter o equivalente ao que aprenderia em uma faculdade.

O universitário médio, como sabemos bem, não passa o tempo todo estudando e frequentando as aulas. O indivíduo médio que deseja se aprimorar tem quase tanto tempo para estudar quanto o universitário. Nos dias de hoje, as pessoas têm muitas horas sobrando, além do tempo que gastam para trabalhar, dormir e comer, e podem dedicá-las a outras ocupações de lazer. O problema não é que as pessoas não tenham tempo. O problema é que elas não o aproveitam para fazer alguma coisa útil.

Indivíduos bem-sucedidos certamente dedicam algum tempo ao relaxamento e ao rejuvenescimento, mas não ficam ociosos por muito tempo. Podemos sempre dedicar algumas horas aos estudos e ao autoaperfeiçoamento. Quando você for dormir à noite, pergunte a si mesmo: "Estou me sentindo realizado?" Provavelmente você sentirá que a noite passou rápido quando, na realidade, só terá passado por ela de maneira infrutífera.

Quando jovem, muitos anos atrás, George Eastman, fundador da Eastman Kodak, trabalhava o dia todo em um escritório de seguros e depois passava a maior parte da noite desenvolvendo sua ideia para fazer filmes fotográficos. Como costuma acontecer, George Eastman não precisou fazer isso a vida inteira. Sua empresa se expandiu até ele se tornar o maior fabricante de câmeras do mundo. Então ele teve tempo para viajar, ouvir música e fazer todas as coisas que adorava. Ele cuidou do seu próprio tempo e seu próprio tempo cuidou dele. O exemplo de Eastman é tão válido hoje quanto na época dele.

Seu tempo é, sem dúvida, a coisa mais valiosa que você tem. Faça-o trabalhar para você.

Se você encontrasse 24 notas de 100 dólares todas as manhãs, o que faria com elas? Gastaria algumas delas com sabedoria e jogaria o resto pela janela? Claro que não, mas é exatamente isso que a maioria de nós faz com uma coisa ainda mais preciosa do que o dinheiro: as 24 horas de tempo que temos por dia.

As pessoas costumam dizer que são muito ocupadas, mas muitas delas apenas *acham* que são muito ocupadas. Correm em círculos. No entanto, se investissem seu tempo em vez de desperdiçá-lo – se de fato fizessem um planejamento inteligente –, elas ficariam surpresas com a quantidade a mais de prazer e realizações que poderiam conseguir em um único dia.

Entrevistei o falecido dr. S. Parkes Cadman, o conhecido clérigo e escritor, pouco antes de sua morte. Quando penso no que ele realizava em um dia, me sinto inútil. Ele se levantava às sete da manhã; ditava vinte ou trinta cartas; escrevia 1.500 palavras para sua coluna no jornal; preparava um sermão ou trabalhava em um livro que estava escrevendo; visitava cinco ou seis paroquianos; participava de duas ou três reuniões; dava uma ou duas palestras; voltava apressado para casa; lia um novo livro até o fim; depois dava o dia por encerrado e ia para a cama por volta das duas da manhã.

Se eu tivesse que fazer isso tudo em um dia, ficaria tonto, mas o dr. Cadman manteve esse ritmo mês após mês e ano após ano, até ter mais de 70 anos.

Como ele fez isso? Eu perguntei a ele. Ele disse que não havia truque nenhum. Apenas planejava seu trabalho, e esse é o segredo de fazer as coisas. Planejar o trabalho!

Franklin L. Bettger era o terceira-base do St. Louis Cardinals, mas machucou o braço anos atrás e teve que desistir do beisebol. Aceitou então um emprego como cobrador de prestações para uma loja de móveis na Filadélfia. Isso durou alguns anos. Depois, passou a vender seguros de vida. No fim do primeiro ano, Frank Bettger era um fracasso total, mas, cinco anos depois, tornou-se um dos maiores corretores de seguros dos Estados Unidos.

Ele disse que sua primeira dificuldade foi descobrir por que não conseguia progredir como outros homens que conhecia. Depois de pensar muito no assunto, ele se deu conta de que não tinha coragem, confiança e capacidade de falar bem. Então fez um curso de oratória.

Funcionou às mil maravilhas. Mesmo assim, outros indivíduos na mesma organização fechavam dez vezes mais negócios que ele. Bettger percebeu que não era por eles serem vendedores dez vezes melhores, mas porque eram dez vezes mais organizados. Então começou a organizar seus dias. Ele planejava todas as 24 horas. Dedicava algumas delas a ler bons livros e jornais sobre assuntos ligados à sua profissão e dedicava outras à recreação. Algumas noites ele reservava para ir ao teatro – e para pensar. Ele passava uma hora sozinho todos os sábados e dedicava essa hora a pensar de maneira profunda e concentrada.

– Acredito sinceramente – disse ele – que uma das principais razões pelas quais a maioria das pessoas não consegue progredir é porque não planeja seu tempo. Estou realmente convencido de que planejar seu tempo é tão importante quanto planejar suas despesas.

Quando Frank planejava seu tempo, o primeiro passo era, todos os domingos, escrever um programa para a semana seguinte em uma grande folha de papel.

Pedi a Frank que me contasse o que tinha feito na quarta-feira anterior. Ele respondeu:

– Acordei às sete. Levo trinta minutos para me barbear e tomar banho. – Pode parecer que ele não realiza muito nesses trinta minutos, mas ele diz: – Essa é a hora do dia em que me concentro. É o exercício mental mais difícil que eu já fiz, mas opera milagres.

Às 7h45, já vestido, ele começou a ler o jornal e foi até às oito, hora do café da manhã. Às 8h30, saiu para o trabalho.

– Quarta-feira à tarde é meu dia de jogar golfe, então parei de trabalhar ao meio-dia. Quando cheguei em casa, planejei o trabalho de quinta-feira.

Embora planeje a semana com antecedência, ele só pode planejar o trabalho real no escritório dia a dia.

– Fiz isso antes do jantar na quarta-feira – disse ele. – Depois do jantar, li as *Meditações* de Marco Aurélio durante uma hora e passei meia hora pensando no que havia lido.

"Depois disso, ouvi rádio, li o jornal e fui caminhar. E aqui uma coisa importante: sempre reservo esses momentos de recreação para o fim da noite. Se não fizer isso, não chego à minha hora de leitura séria. Eu me obrigo a fazer primeiro as coisas que gostaria de fazer por último."

Isso demonstra autodisciplina.

– Frank, você não acha que todo esse planejamento torna a existência muito rotineira? – perguntei a ele.

– Acho, sim – respondeu ele –, que transforma a vida em uma rotina de coisas rotineiras. Mas também coloca as coisas rotineiras em sua devida ordem, para que você não seja um escravo da rotina durante toda a vida.

"Eu não só planejo meu tempo com antecedência, como, no fim de cada dia, também escrevo um registro das visitas que fiz. Quando não faço isso, acabo não fazendo tantas visitas.

"Mantendo um registro de minhas visitas, cheguei a alguns números que provam que cada visita que faço – quer o indivíduo esteja ou não – põe exatamente 2,30 dólares no meu bolso. Então, quando me sinto meio preguiçoso e penso 'Acho que não vou me dar ao trabalho de visitar o John Smith hoje. Ele deve estar fora e não está interessado em comprar nenhum seguro; vou pular esse!', lembro a mim mesmo que vou jogar fora 2,30 dólares se não fizer a visita. Isso me incentiva a fazer a visita, pois descobri que quanto mais visitas a pessoa faz, mais vendas ela consegue. É a velha lei da média; é impossível derrotá-la.

"Sinceramente, acredito que a auto-organização é absolutamente fundamental. Qualquer homem ou mulher que está preocupado, insatisfeito e cansado de lutar eternamente sem conseguir muita coisa com certeza é mal organizado. É claro que organização exige tempo e esforço, e não se pode conseguir muita coisa logo no início. Mas persista e você vencerá.

"E lembre-se: não comece com um programa muito ambicioso, pois planejar o seu tempo e cumprir o cronograma é difícil no começo. Se você tentar fazer muita coisa, pode ficar desanimado, então elabore um programa leve no primeiro mês até se acostumar. Não mire muito alto, mas cumpra o programa até o fim a qualquer custo. Acredite: vale a pena!"

Com certeza valeu a pena para Frank e o ajudou a se tornar um dos corretores de seguros mais bem pagos do país. Aliás, eu mesmo tentei colocar essa ideia em prática. Elaborei quatro regras específicas que foram especialmente úteis para mim:

1. Passe pelo menos meia hora por dia apenas se concentrando – em seus problemas profissionais, por exemplo. Esse período de meditação deve ocorrer em um momento em que você esteja fazendo outra coisa. Frank gosta de se concentrar enquanto se veste e faz a barba, mas costumo ouvir rádio a essa hora da manhã, então me concentro nas caminhadas de ida e volta da estação de trem. Mas não importa o horário desse exercício mental, o importante é passar meia hora por dia apenas se concentrando.

2. Passe pelo menos meia hora por dia refletindo. Com isso, quero dizer: pense seriamente sobre você mesmo. Pense no que está tirando da vida, nos seus pontos fracos, no que pode fazer a respeito disso, no que deseja realizar e por que não está realizando. Faço isso com frequência. Não com a frequência que deveria, mas minha média é razoável. Em seu livro *Como viver com 24 horas por dia*, o autor Arnold Bennett sugere uma caminhada na volta do trabalho como o momento ideal para essa reflexão.

Foi comprovado que o tempo gasto em contemplação ou meditação, quando paramos deliberadamente de pensar, é extremamente benéfico para reduzir o estresse e propiciar ao praticante uma mente tranquila. Você poderá direcionar essa mente para problemas no trabalho ou dificuldades em casa. Uma mente tranquila tem menos probabilidade de se abalar quando estamos retidos em uma reunião longa e improdutiva e tem mais probabilidade de enfrentar as demandas de um projeto sem se distrair.

3. Use todos os momentos livres do dia. Esses minutos espalhados nos oferecem uma chance maravilhosa de melhorar a mente.

Durante um tempo, o dr. Cadman trabalhou como condutor de pôneis em minas de carvão. (Naquela época, pôneis eram levados às minas para transportar carvão de um local para outro, e um menino os conduzia pela mina.) Ele sempre tinha que esperar um minuto ou dois para o carrinho ser descarregado; enquanto esperava, metia a mão no bolso e tirava um livro. Raramente tinha mais de 120 segundos a cada vez, mas usá-los para ler o levou para fora daquela mina. Da mesma forma, Abraham Lincoln estudou direito enquanto trabalhava como balconista de mercearia. Eu costumava comprar um livro que desejava ler, arrancava duas páginas e as colocava no bolso da calça para lê-las no meu tempo livre.

Por que todos nós não usamos nosso tempo assim? Pense nas horas que você gasta apenas andando de elevador, sem falar nos incontáveis minutos que perdemos todos os dias esperando o ônibus ou o trem. Todos esses momentos podem ser aproveitados.

4. Planeje suas noites para que você tenha um bom equilíbrio entre estudo e recreação. Leia bons livros. Frequente aulas noturnas. Passe uma noite por semana aprendendo sobre um novo assunto. Estude os pássaros, por exemplo, mergulhe nos incríveis segredos da biologia ou na fascinante história da humanidade. Desenvolva hobbies. Lembre-se: o modo como gasta seu tempo determinará, em grande parte, onde você estará daqui a cinco, dez ou 25 anos.

Não aja como se fosse viver para sempre. Essa declaração soa bem moderna, não? Bem, Marco Aurélio, o antigo imperador romano que costumava escrever seus pensamentos enquanto lutava em guerras e governava seu vasto império, disse isso pela primeira vez cerca de 150 anos após o nascimento de Cristo. Marco Aurélio era tão ocupado quanto qualquer outra pessoa e mesmo assim conseguiu, no seu tempo livre, escrever uma obra que hoje é tida como um dos legados mais preciosos da antiguidade: as *Meditações*, mencionadas por Frank.

Não aja como se fosse viver para sempre! Acho que precisamos desse conselho atualmente tanto quanto os romanos precisavam dele dezoito séculos atrás. Avançamos ao longo dos anos sem planejar a nossa vida, sem ter tempo para viver, sem parar para fazer as coisas que realmente queremos fazer. Antes de percebermos, infelizmente, está tudo acabado. Sim, nós agimos como se fôssemos viver para sempre.

Você sabe quanto tempo vai viver? Não? As companhias de seguros sabem. Elas descobriram isso estudando os registros de milhões de pessoas.

Elas não sabem quanto tempo um indivíduo específico vai viver, mas sabem quanto tempo, em média, alguém de sua idade viverá.

Digamos que você tem 42 anos. Digamos que sua expectativa de vida seja de 80 anos. Sobram 38 anos, certo? Digamos que você durma oito horas por dia e trabalhe oito horas por dia. Você passará nove anos se vestindo, comendo e fazendo outras coisas. Isso significa que você tem apenas nove anos para trabalhar – apenas nove anos para alcançar o que deseja.

Muitas vezes, sinto que precisamos de um novo tipo de médico; não um que sinta seu pulso, meça sua pressão arterial ou diga para você cortar o café, mas um médico da bela arte de viver. Um médico que se sente com o paciente e diga: "Você está fazendo as coisas que sempre sonhou que faria? Está levando o tipo de vida que o deixará satisfeito quando olhar para trás?"

É possível que não estejamos. É muito fácil entrar em uma rotina. É muito fácil deixar a vida nos levar. É muito fácil dedicarmos a vida inteira a ganhar dinheiro. Por exemplo, um aluno de uma das minhas turmas se levantou certa noite e disse que durante anos não sonhara com nada e não pensara em nada além de peças de encanamentos. Que confissão! Mesmo que eu soubesse que ele ia ganhar 1 milhão de dólares, teria apenas minha compaixão. Se algum executivo da siderúrgica United States Steel Company me telefonasse amanhã e me oferecesse um salário de 1 milhão de dólares por ano durante o resto da vida, com a condição de que eu deveria dedicar todas as horas do meu tempo acordado a trabalhar para a United States Steel Company, eu diria: "Não, não estou interessado."

Estou muito mais interessado em viver a vida do que em ganhar dinheiro. A totalidade do meu tempo não está à venda para ninguém por preço nenhum.

Quero fazer um apelo a todos para que dediquemos uma parte da vida à leitura de bons livros, ao desenvolvimento de hobbies, à ampliação de nossos interesses. Vamos sair da rotina. Vamos acordar e viver.

Charles Darwin é autor do livro que eu mais gostaria de ter escrito desde que Shakespeare escreveu *Hamlet*, mas Darwin confessou, no fim da carreira, que sua vida foi muito desequilibrada e que gostaria de ter vivido de modo diferente. E acrescentou que, se pudesse viver tudo de novo, ouviria uma boa música e leria um bom poema todos os dias.

Estamos ocupados demais para isso? Apenas achamos que estamos. Os homens mais ocupados e importantes da história sempre encontravam tempo para uma boa leitura. Em 1912, quando a primeira convenção do Partido Bull Moose, de Theodore Roosevelt, estava sendo realizada em Chicago, bandas tocavam embaixo dos aposentos de Roosevelt no Congress Hotel e milhares de pessoas estavam nas ruas gritando: "Queremos Teddy!" No meio de toda essa balbúrdia, Roosevelt estava sentado numa cadeira de balanço no quarto, lendo o historiador grego Heródoto. Ah, Teddy Roosevelt era um norte-americano ocupado que levava uma vida bem equilibrada!

Quando Teddy Roosevelt chegou à Inglaterra voltando de uma expedição de caça na África, não pediu que ninguém lhe contasse como a Inglaterra resolvia seus problemas políticos. Pediu um guia que conhecesse o canto dos pássaros nativos para guiá-lo pelo interior daquele país.

Certa vez, quando estava na Casa Branca, Roosevelt telefonou para um conhecido jornalista de Washington e pediu que ele fosse até lá quanto antes. Esse correspondente pediu ao chefe que preparasse as prensas para lançar uma edição extra contendo as importantes notícias políticas que o presidente estava prestes a divulgar. Quando o repórter chegou, Roosevelt não disse uma palavra sobre política. Em vez disso, levou o homem até o jardim da Casa Branca e, cheio de emoção, mostrou orgulhosamente um ninho de filhotes de coruja que havia descoberto em uma árvore oca.

Anos atrás, um amigo meu estava visitando um importante empresário em Detroit. O homem se virou para o meu amigo e disse:

– Você gostaria de conhecer Henry Ford?

– Sim, claro – respondeu meu amigo.

Naquela mesma tarde, eles foram até a fábrica da Ford. Henry Ford desceu de um dos prédios e entrou no carro. Eles seguiram para uma cidade vizinha, onde participariam de uma reunião. Acredito que fosse com o conselho diretor do hospital. No caminho, passaram por um trecho de mata. Enquanto avançavam, Ford se inclinou pela janela do carro e disse:

– Escutem, vocês ouviram isso? Pare um minuto.

O motorista achou que havia algo errado com o carro. Mas, sem dizer uma palavra, Ford saltou do carro, caminhou um pouco pela floresta, parou e ficou olhando para uma árvore. Os outros dois homens se juntaram a ele e perceberam que Henry Ford estava ouvindo o canto de um pássaro – um tordo marrom.

– Não é lindo? – perguntou Ford. – Esse é o primeiro que ouço nesta temporada.

Não sei se o fato de Ford se interessar por pássaros o tornava um empresário melhor, mas tenho certeza de que o fazia mais feliz.

Farei um apelo a você: passe uma noite por semana estudando um assunto novo. Andrew Carnegie juntou uma das maiores fortunas que o mundo já viu, mas disse que o prazer que tinha ao ler bons livros era tão real e tão satisfatório que ele preferia senti-lo a ter todos os milhões acumulados pela humanidade.

Esse grande prazer está ao seu alcance. Podemos começar lendo mais e melhores livros.

Certa vez, um jovem do Brooklyn me escreveu uma carta para falar de um de seus problemas. Seu nome era Edward Murphy.

– Estou muito ansioso para progredir, sr. Carnegie, mas parece que não consigo, não importa quanto eu tente. Sou motorista de ambulância e atendo chamadas de emergência da polícia municipal. Trabalho 24 horas e descanso 24 horas. Meu salário é de 90 dólares por mês. Nunca receberei uma aposentadoria, não importa quanto tempo eu trabalhe. E não tenho nenhuma chance de promoção. Estou preso neste trabalho há sete anos.

Edward mostrou ser inteligente ao querer deixar o emprego. Era um beco sem saída. Não tinha futuro.

– Se você não estudar e se preparar agora para coisas melhores – falei –, onde estará quando chegar aos 50 anos? Seu empregador vai querer que homens mais jovens dirijam a ambulância. Você não terá uma aposentadoria e viverá da assistência social.

Edward era relativamente jovem, tinha 29 anos, mas eu disse a ele:

– Lembre que daqui a 21 anos você estará com cinquenta. Vinte e um anos a mais podem não parecer muito tempo agora, mas passarão com uma rapidez que o deixará espantado.

Edward era casado e tinha um bebê a caminho.

– Sr. Carnegie – disse ele –, quero dar a esse bebê um bom lar e possibilitar que ele tenha acesso a educação universitária. Não quero que ele tenha que passar pelo que eu passei. Quero ir para a escola e estudar motores e geradores. Mas, com um salário de 90 dólares por mês, aluguel para pagar e um bebê chegando, não posso pagar pelos meus estudos.

Sugeri que ele fosse para a Escola Técnica do Brooklyn e se matriculasse em um curso de dínamos e motores.

– Quando terminar esse curso – aconselhei –, faça outros cursos na mesma linha. Não se contente apenas em conseguir um emprego melhor. Por que você não aspira a se tornar mestre em motores? Lembre que motores melhores serão construídos nos próximos vinte anos e, se você descobrir uma forma de fazer isso, vai conseguir ganhar uma fortuna. O homem que vai construir esses motores daqui a vinte anos pode não ter mais habilidades do que você.

"Você atende chamadas de emergência, não é? Sem dúvida passa algum tempo sentado na ambulância sem fazer nada. Por que você não vai a uma biblioteca pública, pega emprestado um livro sobre motores e o deixa ao seu lado na ambulância? Assim poderá dedicar cada minuto livre do seu tempo a estudar o livro."

Quando Theodore Roosevelt estava na Casa Branca, seu dia era quase todo ocupado com uma série de compromissos de quinze minutos; mesmo assim, ele mantinha um livro aberto sobre a mesa para poder ler durante cem segundos entre os compromissos. Se você quer progredir, precisa aprender a utilizar cada bloco de cem segundos do seu tempo livre. Lembre que você vai tirar da vida exatamente o que colocar nela. Nada mais.

PARTE TRÊS

Estabeleça ótimas interações

Em que você pensa durante a maior parte do dia?

Resposta: em você mesmo! Convenhamos: quase todos nós dedicamos grande parte de nossos pensamentos às nossas preocupações. Durante o dia inteiro, pensamos em nós mesmos. Uma música que adoramos toca no rádio do carro quando estamos indo para o trabalho; cantamos junto e concluímos que a letra tem a ver conosco; nossa colega de trabalho nos diz que vai tirar uma semana de folga no mês seguinte e pensamos: "Vou ter que cobrir o turno dela." Tudo é sobre nós.

Se você quer garantir ótimas interações com os outros, faça o que eles fazem: pense neles. Esse conselho pode parecer falso e manipulador, mas, depois que adotar essa prática, você descobrirá que é sincero. Os outros responderão de forma agradável a você – não por terem sido manipulados, mas porque realmente sentem vontade de fazer isso.

Se pensar de um jeito cada vez mais positivo sobre si mesmo e desenvolver autocompreensão, determinação e confiança, você perceberá que, na verdade, não precisa passar tanto tempo pensando em si mesmo; pensar nos outros será uma coisa natural. Você vai adorar esse novo você, e os outros também!

12

Deixe uma impressão duradoura

CRIAR UMA BOA PRIMEIRA IMPRESSÃO é muito mais fácil que tentar, mais tarde, superar uma má impressão. Há três coisas em você que geram uma impressão duradoura naqueles que o conhecem:

1. Sua aparência: estar bem arrumado.
2. Seus modos: seu equilíbrio.
3. Seu discurso: não só a fala gramaticalmente correta como também seu tom de voz.

Não é importante ser bonito, mas você precisa ser acolhedor e afável. Quando entrar em uma sala, não se esqueça de sorrir. Quando encontrar alguém pela primeira vez, faça questão de descobrir um tópico sobre o qual a pessoa gostaria de falar e converse sobre isso. Se você não tiver muita experiência na área, faça perguntas. As pessoas gostam de compartilhar informações sobre tópicos que interessam a elas. Se você estiver sem palavras, faça um elogio. Você sempre pode dizer à pessoa que gosta do colar ou dos sapatos dela. É um jeito de quebrar o gelo, e o outro se sentirá bem consigo mesmo. Por último, seja sempre positivo em suas declarações. Comentários negativos podem fazer você se sentir inteligente, mas não o fazem parecer inteligente.

Atualmente, não falamos muito sobre ser equilibrado, mas equilíbrio é fundamental para conquistar o respeito dos outros. Pense em seus amigos e nas pessoas com quem você trabalha. Quantas pessoas que você conhece podem ser definidas como equilibradas? Você é? É surpreendente que tantas pessoas não tenham equilíbrio. Equilíbrio não é algo difícil de conseguir, mas nunca será conquistado se você só pensar em si mesmo, em sua aparência ou na impressão que causa.

Anos atrás, o presidente Woodrow Wilson admitiu que, na juventude, já havia perdido as esperanças de superar a timidez e a falta de equilíbrio. Certo dia, ele se sentou e pensou no assunto. Então, quando estava em reuniões sociais ou políticas, ele criou o hábito de permanecer em silêncio por alguns segundos observando as pessoas ao redor. Isso lhe dava a oportunidade de se preparar. Ele havia percebido que o importante era pensar nas outras pessoas e não em si mesmo. Não há nada de antiquado em tirar um tempo para ficar em silêncio e ouvir os outros.

Alguns comportamentos nervosos podem facilmente se transformar em hábitos, impedindo que você atinja o equilíbrio e roubando sua simpatia. Entre eles estão:

1. Remexer em um colar de contas ou outras joias.
2. Puxar a gravata.
3. Alisar as roupas.
4. Verificar a maquiagem no espelho de bolso ou passar batom.
5. Morder os lábios ou roer as unhas.
6. Tamborilar com os dedos.
7. Bater os pés quando estiver sentado.
8. Andar de um lado para outro na sala.

Quando estiver na presença de outras pessoas, esqueça sua aparência e o que os outros possam estar pensando de você. Concentre os seus pensamentos nos outros.

Gilbert T. Hodges, do conselho executivo do jornal *New York Sun*, fez palestras para milhares de jovens a respeito de como progredir nos negócios. Ele dizia: "Não há um caminho definido para o sucesso; não há regras simples a serem cegamente seguidas. No entanto, desenvolvi uma teoria que, se for seguida, estou bem convencido de que posicionará qualquer pessoa na categoria dos bem-sucedidos. O que vou dizer agora não será encontrado em livros didáticos nem será ouvido em salas de aula. É algo radical demais e, sem dúvida, chocará muitas pessoas, sobretudo os educadores, pois explodirá algumas das montanhas de bobagens que cercam o tema do sucesso."

O sr. Hodges ressalta que, há centenas de anos, homens proeminentes têm dado conselhos de como ter sucesso. Dizem que você precisa trabalhar muito, cumprir seus deveres, ser honesto, leal, frugal, ter coragem e energia. Se estiver satisfeito em manter o mesmo emprego durante quarenta anos, essas podem ser mesmo as únicas qualidades de que você precisa. Elas geram bons funcionários, mas não são suficientes para gerar executivos importantes. Alguém que deseja progredir precisa ter algo além dessas qualidades.

"Vamos começar", diz o sr. Hodges, "comparando cada um de nós com uma mercadoria. Pois isso é o que todos somos: apenas uma mercadoria. Quando viemos ao mundo, éramos apenas matéria-prima entrando na fábrica da vida. Nossos pais cuidaram de nós, nos moldaram e tentaram nos tornar fortes e úteis. Eles nos poliram com um pouco de educação e depois nos ofereceram ao mundo.

"Nosso trabalho agora é anunciar e vender a nós mesmos assim como anunciamos e vendemos um automóvel, um refrigerador ou um chapéu. O sucesso na vida será medido quase inteiramente pela forma como nos vendemos."

O sr. Hodges não acredita naquela máxima que diz que, se você construir uma ratoeira melhor, o mundo abrirá caminho até sua porta. "Essa é uma das maiores falácias do mundo", diz ele. "Existem milhares de pessoas que construíram excelentes ratoeiras e faliram, pois não souberam como vendê-las. Não, as pessoas que ambicionam o sucesso devem buscar a própria fortuna; o mundo nunca vai procurá-lo."

O sr. Hodges sugere três etapas para você se vender:

- *Em primeiro lugar*, é necessário ter um produto digno de mérito, ou seja, você mesmo – o que você sabe e o que pode fazer. Conheça o seu negócio e seja capaz de entregar as mercadorias quando solicitado.

- *Em segundo lugar*, projete uma embalagem atraente para si mesmo, que seja agradável para o mundo nos campos físico, mental e social. Um bom produto em uma embalagem ruim não vende. Você também não vai ser vendido se sua embalagem for desleixada e pouco atraente.

    Isso envolve sua aparência pessoal, suas roupas, sua disposição, sua saúde e seu modo de falar. Você deve cultivar uma personalidade atraente e agradável. Uma personalidade agradável não nasce conosco, como muita gente pensa, mas pode ser desenvolvida por qualquer um.

- *Em terceiro lugar*, realize uma contínua campanha publicitária com o objetivo de favorecer os méritos de sua mercadoria perante o público. O sucesso nessa campanha significa provocar uma impressão favorável em todas as pessoas com quem você interage e criar nelas o desejo de contratar seus serviços.

Andrew Carnegie, que começou a trabalhar por 2 centavos a hora e acumulou 100 milhões de dólares, chegou perto da verdade quando disse: "O cumprimento fiel e responsável dos deveres atribuídos a você é muito bom, mas por si só não adianta nada. É preciso que haja alguma coisa além disso... Temos ótimos escriturários, guarda-livros, atendentes e caixas de banco dessa classe, e eles permanecem na mesma função até o fim da vida. O homem que almeja subir precisa fazer algo excepcional e além dos limites de sua função normal. Ele precisa atrair atenção."

Certa vez, perguntei a um associado de Carnegie, Charles M. Schwab, por que ele recebia um salário de centenas de milhares de dólares e se era por causa de seus conhecimentos sobre aço.

– Não – respondeu ele. – Tenho quarenta homens trabalhando para mim que sabem muito mais sobre aço do que eu.

Charles Schwab recebia esse enorme salário em grande parte por conta de sua capacidade de agradar e influenciar pessoas.

Esse é o jogo em todos os patamares da vida. Por exemplo: não é o advogado que entende mais de direito que ganha mais dinheiro. O advogado de sucesso é aquele que participa ativamente da vida social e econômica, e talvez política, da comunidade. Seus conhecimentos vão muito além da esfera da lei, e suas relações sociais vão muito além dos limites do tribunal e de sua biblioteca jurídica. Ele atrai grandes clientes e altos honorários.

Não quero dizer que, para ser bem-sucedido, você deva ser servil nem puxa-saco, porque isso não funciona. Não funciona na venda de mercadorias nem na venda de nós mesmos. A sinceridade é a espinha dorsal do sucesso em vendas, e nada é mais fatal do que a adulação transparente. Quanto mais você anuncia um produto imperfeito, mais enfatiza seus defeitos. Da mesma forma, quanto mais você atrai atenção para si mesmo, mais aparentes se tornam suas falhas e imperfeições. Você sempre precisará ter uma boa mercadoria, senão nem todo o marketing do mundo terá alguma utilidade.

Duas pesquisas foram feitas sobre o que leva as pessoas a comprar. Um importante instituto de tecnologia descobriu que saber a utilidade do produto correspondia a 15% das vendas; outros fatores induziam 85% das vendas. O diretor de uma grande escola de administração expressou de outra forma essa mesma conclusão. Ele disse que, em média, quando compramos mercadorias, só usamos 15% da razão e as emoções são responsáveis pelos 85% restantes da transação.

Tirando coisas como batatas, maçãs e bifes, as pessoas desconsideram a utilidade do produto. A motivação para comprá-lo vem de apelos emocionais como estilo, cor, design, moda, reputação, benevolência, orgulho de ser proprietário, prestígio social, amizade e coisas afins.

Tomemos um exemplo: o que leva uma mulher a comprar um chapéu? A necessidade de manter o sol e a chuva longe da cabeça, a qualidade do material? Não, essas são considerações menores. Oitenta e cinco por cento da venda dependerá do estilo e das linhas do chapéu e se, na opinião da mulher, o chapéu cai bem nela e a tornará mais atraente.

Se os percentuais fixados por esses especialistas estiverem corretos e existir uma estreita analogia entre vender e ter sucesso, você não vê que pode chegar a uma conclusão surpreendente? A saber, nosso produto – isto é, o que somos, o que sabemos e o que podemos fazer – constitui apenas 15% da tarefa de progredir. A segunda e a terceira etapas, ou seja, a embalagem e a publicidade, respondem por 85% da batalha e são as grandes armas para alguém progredir na vida.

Há muitos modos de desenvolver seu poder de agradar, convencer e persuadir as pessoas. Você precisa ter uma ampla gama de conhecimentos para poder conversar com todos os tipos de pessoa sobre as coisas que interessam a elas, e não sobre o que interessa a você. Além disso, a capacidade de conversar de forma inteligente sobre os tópicos importantes do dia também pode ser uma ferramenta poderosa em seus esforços para agradar as pessoas.

Agora que você tem algo a dizer, é muito importante dizê-lo bem. Isso significa aprender a falar bem, tanto em público quanto em particular. Mais empregos e vendas são perdidos pela incapacidade de expressar ideias e pensamentos do que por qualquer outra causa.

O passo final para pôr essas vantagens para trabalhar é se manter em circulação. É fatal ser sovina com seus talentos. Você precisa fazer o maior número possível de contatos. Participe ativamente da vida social, econômica e política de sua comunidade. Dessa forma, você conhecerá pessoas influentes que serão naturalmente atraídas por sua sólida capacidade e sua personalidade agradável. Não esconda sua luz embaixo de uma tigela. Levante-a bem alto para todo mundo poder ver que ela brilha intensamente.

Vamos resumir os pontos anteriores:
- Para progredir na vida, seus conhecimentos e sua capacidade contribuirão com apenas 15%.
- Sua capacidade de se vender, conhecendo e se misturando às pessoas, responderá por 85% de seu sucesso. Você não conseguirá isso com falta de sinceridade, adulação ou apertos de mão sem sentido, mas sim aperfeiçoando sua mente, cultivando uma personalidade agradável, uma disposição alegre e uma boa aparência – e também tendo um interesse genuíno e altruísta pelas outras pessoas e por seus problemas.
- Experimente essa abordagem. Ela fará milagres.

13

Sorriso: a regra mais recente do sucesso

O IMPACTO DO SORRISO É TÃO IMPRESSIONANTE que vale a pena dedicar um capítulo inteiro a ele. Se quer que as pessoas gostem de você, uma das melhores formas de fazer isso é sorrindo. Mas vamos deixar uma coisa bem clara. Não estou falando de um sorriso bobo, forçado e falso. Isso não engana ninguém, exceto a pessoa que está sorrindo. Estou falando de um sorriso que brota de dentro de você. Estou falando de um sorriso no estilo antigo, de cãozinho abanando o rabo. Quando um filhote abana o rabo, ele quer dizer: "Estou feliz de te ver." Ao sorrir, você diz a mesma coisa. Se você está feliz de me ver, eu estou feliz de te ver.

William Steinhardt, corretor de títulos, veio me pedir ajuda há alguns anos. Queria fazer as pessoas gostarem dele. Estava casado há dezoito anos, mas me confessou que, durante todo esse tempo, ele raramente sorriu para a esposa ou lhe dirigiu mais que algumas palavras desde o momento em que se levantava, de manhã, até sair para o escritório. Sugeri que ele tentasse sorrir para as pessoas durante uma semana. Eis o que aconteceu:

– Na manhã seguinte, quando me levantei, olhei para meu rosto tristonho no espelho enquanto penteava os cabelos e disse a mim mesmo: "Bill, hoje você vai se livrar dessa carranca. Você vai sorrir. E vai começar agora mesmo." Quando me sentei para tomar o café da manhã, cumprimentei minha esposa com um "Bom dia, querida" e sorri ao dizer isso.

"Ela ficou sem saber o que fazer. Não tinha visto nenhum sorriso no meu rosto àquela hora do dia em dez anos. Estava chocada! Falei que ela deveria esperar um rosto sorridente toda manhã.

"Essa mudança de atitude trouxe mais felicidade para minha casa que qualquer outra coisa no mundo. Quando sorrio, eu também me sinto melhor. Agora tenho o hábito de sorrir. Quando saio para o trabalho de manhã, cumprimento o ascensorista do prédio com um 'Bom dia' e o porteiro com um sorriso. Sorrio para o homem na cabine do metrô quando peço troco. Sorrio para as pessoas que me procuram com reclamações no salão da Bolsa de Valores. Descobri que os sorrisos estão me trazendo mais felicidade e mais dólares todos os dias."

Todo mundo busca a felicidade, e há uma forma segura de encontrá-la: controlando seus pensamentos. A felicidade não depende de condições externas, e sim de condições internas. Não é o que você tem, quem é, onde está ou o que está fazendo que o deixa feliz ou infeliz. É o que pensa em relação a isso. Por exemplo, já vi dois indivíduos que trabalham no mesmo lugar, fazem a mesma coisa e têm dinheiro e prestígio em níveis mais ou menos iguais, mas que são diferentes um do outro em um aspecto: um é infeliz e o outro feliz. Por quê? Porque cada um tinha uma atitude mental diferente.

"Nada é bom ou ruim", disse Shakespeare, "mas o pensamento faz com que seja assim". Façamos do sorriso uma regra para vencer na vida. Um sorriso sincero, devo lembrar. Um sorriso que venha direto do coração.

Na próxima vez em que precisar ligar para um departamento de serviço ao consumidor, tente sorrir durante a ligação. Quando você sorri, o tom de sua voz muda, você transmite que é acolhedor e feliz. A pessoa do outro lado vai ouvir o tom otimista de sua voz, e há uma boa chance de ela ser mais prestativa do que se você tivesse falado de forma áspera ou mesmo neutra.

14

Desenvolva uma personalidade vencedora

SIM, É AXIOMÁTICO QUE AS PESSOAS gravitam em torno de quem é agradável para elas, mas esse fato não parece afetar o comportamento de muitos indivíduos. No entanto, a experiência demonstra que, no mundo das interações, ser agradável é o melhor caminho para se conseguir o que quer. Digamos que você queira devolver um item a uma loja. Você espera que o funcionário aceite de boa vontade a devolução se fizer seu pedido de modo rude ou arrogante? É muito mais provável que a transação seja tranquila se você for educado e gentil. Da mesma forma, ser agradável no trabalho é a melhor forma de fazer as pessoas trabalharem felizes com você e a melhor forma de progredir. Sempre queremos agradar àqueles que nos apreciam e são respeitosos conosco. Ninguém quer passar o dia ao lado de uma pessoa grosseira nem trabalhar para um chefe que é condescendente e insensato. Um sujeito assim vai estar sempre em busca de novos funcionários, o que não é exatamente uma receita para o sucesso.

Conversei com o sr. Ernest Lawton, diretor de recursos humanos da Macy's, a maior loja de departamentos do mundo, e pedi conselhos a respeito de como vender nossos serviços para um empregador.

Ao longo de um ano, o sr. Lawton e seus associados entrevistaram cerca de 150 mil candidatos a empregos na Macy's. Mas, a cada dez candidatos, apenas um era contratado. Perguntei o que havia de errado com os outros nove.

– Em geral – disse ele –, eles perdem em nosso primeiro requisito: personalidade. É a primeira coisa que procuramos. Na verdade, a primeira entrevista que fazemos com um candidato é para avaliar sua personalidade. Se uma pessoa consegue nos vender sua personalidade numa entrevista de alguns minutos, temos certeza de que também poderá vendê-la ao cliente. Porque, veja bem, conseguir um emprego é, na verdade, uma proposta de venda. O indivíduo que procura emprego tem alguma coisa para vender, exatamente como a Macy's. Nós vendemos mercadorias, mas o que o indivíduo tem para vender? Sua personalidade, seus serviços e sua capacidade de trabalho. Assim como temos que apresentar as mercadorias de forma eficaz, o indivíduo tem que se apresentar de forma eficaz. Isso é técnica de vendas.

Quando perguntei ao sr. Lawton o que exatamente ele queria dizer com personalidade, ele respondeu:

– O modo como a pessoa fala. Ela fala de modo sincero e convincente? Tem caráter? Demonstra confiança? Não estou falando de excesso de confiança, mas ela se mostra segura de si de forma simples e direta? Quando fala, é com uma voz natural e bem modulada? Qual é a postura? A pessoa tem modos agradáveis? Sorri de maneira simpática? Ela se veste bem? E, com isso, não estou dizendo que ela deve estar usando roupas caras ou na última moda. Sabemos que as pessoas que estão procurando emprego em geral não conseguem comprar roupas novas, mas as roupas podem estar limpas, alinhadas e bem passadas. Todas essas coisas fazem parte da personalidade: voz, postura, fala, sorriso, caráter e roupas. Podemos treinar nossos funcionários, mas o que mais conta é como a pessoa se apresenta. O que ela tem que se possa aproveitar?

O sr. Lawton acrescentou que, dos 150 mil indivíduos que ele e sua equipe entrevistaram, apenas um em cada cinco passou no teste de personalidade. Isso não significa que eles não possam desenvolvê-la, mas sim que ainda não aprenderam a fazer isso.

– Além da personalidade, procuro ambição – acrescentou o sr. Lawton. – Na segunda entrevista, fazemos muitas perguntas que podem parecer tolas, como "Por que abandonou a escola?" ou "Por que deixou o emprego anterior?". Tentamos descobrir se eles sabem ou não para onde estão indo na vida particular. Se eles usam o bom senso nos próprios assuntos, provavelmente usarão o bom senso nos nossos. Quando contratamos uma pessoa, homem ou mulher, executivo ou balconista, pensamos na possibilidade de promoção. Mesmo quando contratamos um funcionário de almoxarifado de 17 anos, tentamos imaginar como ele será aos 21.

Em seguida, ele acrescentou:

– Em uma organização tão grande quanto a Macy's, precisamos de gente que se dê bem com os outros 25 mil funcionários. É preciso autocontrole para se dar bem com todos os tipos de pessoa. Se você tem ideias, precisa ser capaz de vendê-las. No fim das contas, isso é técnica de vendas.

"Como uma pessoa que se candidata a um emprego pode me convencer de que tem ideias? Bem, uma pessoa alerta com ideias que andasse por nossa loja de olhos abertos provavelmente veria alguns lugares que podem ser melhorados. Agora suponha que um rapaz ou uma moça estudasse nossa loja e se candidatasse a um emprego já com uma sugestão concreta para melhorar nossos métodos em algum departamento. Podemos até não aplicar a sugestão, pois talvez haja uma dezena de motivos práticos para não fazer isso, mas uma coisa é certa: se a ideia for boa e mostrar uma verdadeira noção de negócios, saberemos que a pessoa tem ideias. E mais importante: perceberemos imediatamente que ela vê as coisas sob o nosso ponto de vista."

Em suma, o conselho do sr. Lawton aos candidatos é: primeiro desenvolva sua personalidade. Em outras palavras, aprenda a falar de forma sincera e convincente, em tom de voz natural e espontâneo. Sorria de modo agradável e simpático. Vista-se o melhor que puder dentro de suas possibilidades e, acima de tudo, de maneira adequada. E mostre ao seu empregador que você tem ideias que podem ser aplicadas ao negócio dele.

O sr. Lawton destaca outro ponto a ser lembrado:

– Os cérebros são muito mais baratos e fáceis de usar do que couro de sapato. Uma hora de reflexão séria dará mais resultados para o seu problema do que uma semana correndo pela cidade. Você pode não estar procurando emprego em uma loja de departamentos. Talvez esteja apenas procurando qualquer emprego e não saiba o que é mais adequado ao seu caso. Nesse caso, escolha uma vocação, avalie suas experiências passadas e busque esse emprego com inteligência.

"Se você tivesse um produto para vender, nem sonharia em tentar vendê-lo a um desconhecido sem ter ideia do que dizer, não é? No entanto, é exatamente isso que a maioria das pessoas faz com os empregos. Elas quase nunca chegam aos gerentes de recursos humanos com prospecto completo do que têm a oferecer. Esperam que os empregadores arranquem isso pergunta a pergunta, como em um interrogatório. E os empregadores são compradores: estão no mercado para comprar, desde que você tenha algo para vender, e esse algo é você. Portanto, veja a si mesmo como um produto. Descubra por que alguém deveria investir em você e se apresente na melhor embalagem possível."

Observe que um empregador costuma prestar mais atenção na personalidade de um candidato do que na experiência. Claro que podemos não conseguir uma entrevista se o trabalho não estiver de acordo com nossa experiência. Dito isso, dentre os que cumprem os critérios em termos de competência e formação, é difícil resistir à contratação da pessoa mais simpática do grupo. Se você se lembrar de alguma ocasião em que precisou escolher uma pessoa num grupo de indivíduos – por exemplo, para um emprego ou uma equipe –, talvez admita que escolheu a pessoa mais agradável, aquela com quem gostaria de passar algum tempo.

Vou repetir: se você está no mundo dos negócios, sua capacidade de fazer amigos e influenciar pessoas é quase seis vezes mais importante na batalha pelo sucesso do que um conhecimento maior.

Certa vez, fiz uma palestra antes de uma convenção sobre botas e sapatos em Chicago. Um homem sentado a meu lado na mesa dos palestrantes disse que não havia concluído o ensino médio, mas durante anos teve um homem formado em duas faculdades trabalhando para ele. Apesar de não ter tido educação formal, o homem que não concluíra o ensino médio tinha um salário cinco vezes maior que o do graduado. O graduado gastara milhares de dólares para obter uma educação formal. No sentido acadêmico, ele era brilhante, mas era um fracasso nos negócios e acabou perdendo o emprego só porque não tinha aprendido a lidar com as pessoas.

A capacidade de lidar com as pessoas não é algo que se possa aprender na faculdade. É algo que se deve praticar todos os dias da vida. É um novo modo de vida que requer vigilância, prática e aplicação constantes.

Há anos eu trabalho quase todas as noites no primeiro e único laboratório de relações humanas que já existiu: o Dale Carnegie Institute. Nesse laboratório, lidando com inúmeros homens e mulheres, muitas vezes percebi que o trabalhador altamente qualificado é o mais difícil de se convencer da importância de lidar com pessoas. Indivíduos que conhecem a fundo o próprio trabalho costumam dizer: "Ah, isso tudo é bobagem. Não preciso me preocupar em fazer as pessoas gostarem de mim para manter um emprego, desde que eu faça bem o meu trabalho."

Conheci um homem que dizia exatamente isso. Ele era oculista: um artesão habilidoso em uma atividade difícil e altamente especializada. Seu nome era Joseph Duffee, e ele morava em Long Island.

– Faço lentes para óculos – disse ele. – Trabalhei doze anos para uma empresa em Boston. Havia sete homens sob meu comando e, quando eu não gostava do modo como eles faziam as coisas, dizia isso a eles. Se o chefe me perguntava por que o trabalho não estava pronto no prazo, eu dizia a ele que, se não gostasse da forma como eu estava administrando as coisas, poderia me substituir por outro funcionário.

O sr. Duffee chegou a brigar com o chefe.

– Eu não ia aturar desaforo de ninguém. Então, durante a Depressão, houve um corte salarial e o dinheiro não foi reposto. Isso me deixou tão revoltado que comecei a descarregar a raiva em todo mundo. Mas o pagamento acabou vindo ao fim de uma semana em que eu tinha faltado um dia e esse dia foi descontado. Fiquei tão furioso que peguei meu envelope de pagamento, invadi o escritório do meu chefe sem bater na porta e joguei o envelope na cara dele.

"'Fui descontado em um dia de salário', reclamei.

"'Você faltou um dia, não foi?'

"'Você nunca descontou valor nenhum do salário de ninguém. Por que está pegando no meu pé?'

"'Você não estava doente, estava?'

"'Você sabe que eu não estava doente. Eu tive que resolver uns negócios. Você é rápido para cortar meu salário quando os tempos estão difíceis, mas já vi que não é tão rápido em me devolver a diferença quando as coisas melhoram. Trabalho para você há doze anos, e você me desconta uma falta. Você não faria isso com mais ninguém por aqui.'

"'Você tem razão, Duffee', disse meu chefe. 'Eu não faria isso com mais ninguém. Mas você merece isso.'

"'Como assim?'

"'Você já fez seu discurso. Agora eu vou lhe dizer umas coisinhas. Você é um encrenqueiro, Duffee. Ninguém gosta de você. E mais, você é o tipo de supervisor que faz os homens brigarem entre si. Já estou cansado disso. E a única razão pela qual aguentei sua atitude arrogante nesses doze anos...'

"'É porque eu sou o único homem por aqui que realmente sabe fazer o próprio trabalho!'

"'Você está certo de novo, Duffee. Você é o melhor que temos, mas tem um gênio muito ruim.'

"'Mas para que você está me pagando? Para se mostrar para alguém? Você está me pagando por um trabalho de primeira classe, e é isso que está recebendo. Quero meu pagamento pelo dia em que faltei!'

"'Ah, você quer o pagamento pelo dia em que faltou! Pois bem, a partir de agora você vai faltar todos os dias! Não me interessa se você é o melhor artesão do mundo. Já aguentei você até onde pude! Você está demitido!'

"'Então estou demitido!', falei. 'Tudo bem! Me dê esse envelope de pagamento! Não estou preocupado. Posso conseguir outro emprego a qualquer momento.'

"Mas não consegui, e tinha esposa e cinco filhos para sustentar. Até que, certo dia, uma das maiores óticas de Boston mandou me chamar. Achei que eu finalmente tinha conseguido um emprego, mas o gerente só me chamou lá para me dar uma bronca.

"Ele me disse que eu ia ficar desempregado por muito tempo. Minha reputação me antecedia. Todo mundo sabia que eu era bom artesão, mas não se arriscariam a trabalhar com um encrenqueiro. Depois ele acrescentou que eu nunca conseguiria outro emprego enquanto tivesse essa fama."

O sr. Duffee ficou desempregado durante três meses.

– Gastei todas as minhas economias. De repente, um amigo meu me arranjou um emprego em Nova York. Mas eu ainda não tinha aprendido a lição. Ainda achava que tinha sido injustiçado.

"E a história recomeçou. Tive várias brigas com o filho do novo chefe e disse para onde ele podia ir."

Foi quando o sr. Duffee leu meu livro *Como fazer amigos e influenciar pessoas*.

– O livro me fez pensar – disse ele – e, pela primeira vez, percebi que, se continuasse contrariando as pessoas, seria apenas mais um bom trabalhador à procura de emprego pelo resto da vida.

"Primeiro eu comecei a trabalhar muito para controlar meu temperamento. Não foi fácil, mas descobri que, se conseguisse segurar a língua por cinco minutos, estaria a salvo. Depois de cinco minutos, eu já nem sentia mais que ia explodir."

Essa mudança fez uma grande diferença na vida do sr. Duffee.

– Dois meses depois, o chefe me chamou e disse: "Duffee, não gosto da forma como a loja está sendo administrada. Quero que você assuma o comando e veja o que pode fazer."

E o sr. Duffee voltou a ser supervisor.

– Então coloquei aqueles princípios em prática: em vez de gritar com os homens ou criticá-los quando o trabalho não estava bom, eu elogiava o que tinham feito de bom e mostrava, com tato, como eles podiam corrigir o trabalho ruim.

Para espanto do sr. Duffee, o chefe o chamou e o parabenizou pelo trabalho que estava fazendo. E, quando o Natal chegou, o sr. Duffee recebeu um aumento substancial de salário. Além disso, o antigo chefe dele, em Boston, ouviu falar da mudança que havia ocorrido e escreveu uma carta para ele, na qual o parabenizava e desejava boa sorte.

O sr. Duffee também usou essa mudança de atitude fora do trabalho.

– Hoje tenho três vezes mais amigos do que antes – contou ele. – Agora estou ajudando a organizar um clube na minha cidade natal e uma cooperativa de consumidores. Eu costumava gostar de uma boa briga, mas agora tenho dez vezes mais empolgação e felicidade ao trabalhar com pessoas.

Um velho provérbio diz que tiramos da vida apenas o que colocamos nela. Também é verdade que nossa atitude em relação às outras pessoas determinará a atitude delas em relação a nós. Woodrow Wilson disse certa vez: "Se você vier até mim com os punhos fechados, acho que posso garantir que os meus vão se fechar duas vezes mais rápido que os seus." Essa é a natureza humana, isso se aplica a todos nós. Se você sempre se aproximar das pessoas com os punhos fechados e uma atitude agressiva e beligerante, elas terão a mesma atitude em relação a você.

Vejamos o caso de Sir Richard Burton, explorador do século XIX, um dos homens mais talentosos que o Império Britânico já produziu. Ele trabalhava para o governo e, como Lawrence da Arábia, andava disfarçado entre os árabes. Burton foi um dos primeiros cristãos que fizeram a peregrinação proibida e perigosa à cidade sagrada de Meca. Ele conseguiu o incrível feito de dominar mais de quarenta idiomas e dialetos e traduziu *As mil e uma noites* para o inglês. Burton foi um dos eruditos mais brilhantes que já existiu e serviu fielmente ao país em muitas missões perigosas. Nenhum outro homem de sua época foi mais merecedor de grandes honras. Mas ele obteve o reconhecimento e as promoções que merecia? Não! Por quê? Porque, com todo o seu brilhantismo, ele não conseguia se dar bem com outras pessoas e teimava em contrariar os superiores. Isso arruinou sua carreira.

O falecido John D. Rockefeller disse: "Pagarei mais pela capacidade de lidar com as pessoas do que por qualquer outra habilidade sob o sol." Muitas pessoas são um fracasso simplesmente porque não têm essa capacidade.

Abraham Lincoln disse: "Se você quer conquistar um homem para sua causa, primeiro convença-o sinceramente de que você é seu amigo de verdade. Nisso há uma gota de mel que prenderá o coração dele, o que, digam o que disserem, é o melhor caminho para a razão desse homem."

Vamos então aproveitar a regra de Abraham Lincoln: se você quer conquistar alguém para sua causa, primeiro precisará convencê-lo de que você é seu verdadeiro amigo. Não há melhor segredo para o sucesso.

Vamos examinar agora o que é necessário para ser um chefe agradável.

Você sabe que poucos de nós nos vemos como os outros nos veem. Portanto, a melhor forma de descobrir o que as pessoas pensam de nós é perguntar a elas. Por exemplo, pergunte à secretária mediana o que ela pensa do chefe dela. Essa avaliação não é limitada ao escritório: o chefe age da mesma forma onde quer que esteja – em casa, no clube ou com seus clientes.

Assim sendo, o que uma secretária pensa do homem para quem trabalha também é o que as outras pessoas pensam dele. Você pode não ser chefe nem secretário, mas os princípios que discutirei aqui o ajudarão a perceber por que as pessoas gostam ou não gostam de você, não importa se você é banqueiro, barbeiro, motorista ou mãe.

O que as secretárias pensam dos homens para quem trabalham? A Katharine Gibbs School, uma das maiores escolas de secretariado dos Estados Unidos, com filiais em Nova York, Boston e Providence, enviou um questionário confidencial a mais de mil secretárias de todo o país.

Nas respostas a esse questionário, nem as secretárias nem as empresas para as quais trabalhavam seriam identificadas. Não vi os questionários, mas recebi dez páginas de material datilografado com um resumo das coisas que aquelas mulheres gostavam e não gostavam nos empregadores. Fiquei tão intrigado com a informação que entrevistei algumas secretárias.

Uma delas disse:

– Não gosto do meu chefe porque ele é mal-humorado. Geralmente entra no escritório resmungando. Nunca sorri, nunca pergunta como estou me sentindo e às vezes nem diz "Bom dia". Fico chateada quando ele me dá ordens aos gritos na frente de um monte de gente. Ele não me entrega os trabalhos para fazer: joga tudo em cima de mim.

Essa secretária pode ser grata por uma coisa: ela é apenas secretária desse homem, não sua esposa. Você consegue imaginar como ele é com a família em casa? Um velho provérbio chinês diz: "Um homem que não sorri não deve ter uma loja." E também não deveria ser chefe. A alegria à moda antiga é um bem inestimável, tanto nos negócios quanto na vida social.

Às vezes tomo o café da manhã em um grande restaurante na rua 42. Há mais de uma dezena de garçons nesse restaurante, mas dois se destacam dos outros. Por quê? Porque estão sempre sorrindo. Eles irradiam cortesia e são prestativos. Fazem do meu café da manhã uma cerimônia de alegria matinal. É de admirar que eu faça questão de me sentar a uma das mesas servidas por esses dois garçons? Eles não me atendem melhor do que os outros e me trazem a mesma refeição. Mas fazem isso com tanta boa vontade que a comida acaba tendo um gosto melhor.

De modo geral, eis a primeira regra para evitar ser odiado: se você quer ser popular, não seja mal-humorado.

Outra secretária explicou o que não lhe agradava no chefe:

– Não gosto do fato de nunca saber a que horas vou chegar em casa. Ele me faz trabalhar horas extras quase todas as noites. Eu não me importaria se fosse realmente necessário, mas não é. Ele odeia ditar cartas, então adia isso para depois das quatro horas. Assim, tenho que ficar no escritório até seis e meia ou sete da noite para datilografar a correspondência. Sei que ele tem boas intenções, mas não pensa nos outros.

Existem muitas pessoas assim. Elas nunca pensam no que os outros querem. Só pensam no que elas querem. E essas pessoas nunca são populares. Por exemplo, há pouco tempo eu estava jantando com uns amigos, havia oito pessoas presentes. Um homem queria descer até o porão para jogar pingue-pongue, embora nenhum dos presentes estivesse com vontade de jogar. Ele se incomodou com isso? Nada! Continuou insistindo até que, por fim, todos tivessem que descer até o porão para vê-lo jogar. Por dentro, todos nós desejamos nunca mais ser convidados para um jantar em que ele estivesse.

Se você quer ser popular, a segunda regra é: leve em conta os desejos e as vontades das outras pessoas. Não insista em fazer apenas o que você quer.

Uma terceira secretária disse que gostava do chefe atual, mas, ao falar do chefe anterior, disse:

– Eu trabalhava para uma grande editora. Trabalhava aos domingos e tirava folga às segundas-feiras. Certo dia, fui ao escritório numa segunda-feira para pegar alguma coisa na minha mesa e o editor me perguntou se eu podia escrever quatro ou cinco cartas para ele. Não era o meu trabalho, mas naturalmente eu disse: "Sim, com prazer." Mas ele não ditou as cartas; simplesmente me deu uma ideia do que queria dizer.

"Eram cartas pessoais, cartas para amigos dele. Depois de redigi-las, levei-as até a mesa dele. Você acha que ele se deu ao trabalho de me agradecer por ter feito um favor no meu dia de folga? Não. Apenas leu as cartas, assinou, jogou de volta para mim e disse: 'Envie.' Esse homem é um figurão no mundo editorial, mas na minha opinião ele é minúsculo. Isso aconteceu sete ou oito anos atrás, e eu ainda estou magoada."

Agora compare esse homem com Owen D. Young, presidente do conselho da General Electric Company. Young estava descendo do vagão-leito de um trem na Flórida.

Fizera uma viagem agradável e relaxante de Nova York até lá, e o cabineiro do trem fora cortês e atencioso. Owen D. Young lhe deu uma gorjeta generosa e disse: "Gostaria de ter sempre certeza de fazer meu trabalho tão bem quanto você faz o seu."

O sr. Young acreditava mesmo naquilo que disse? Claro que sim. Nenhum homem que tivesse que lidar com os problemas complexos e desconcertantes que ele enfrentava poderia chegar tão perto da perfeição quanto aquele cabineiro.

As palavras de agradecimento do sr. Young resultaram em quatro coisas. A primeira: deixaram o cabineiro feliz. A segunda: por terem deixado o cabineiro feliz, também deram ao sr. Young uma sensação de satisfação. A terceira: inspiraram o cabineiro a querer continuar fazendo um ótimo trabalho. E a quarta: me impressionaram tanto que estou relatando para você. Espero que isso faça você dizer algumas palavras de agradecimento a mais no futuro.

Se você quer ser popular, a terceira regra é: nunca se esqueça de dizer "Obrigado". Não trate seus funcionários como se fossem escravos.

Outra secretária me relatou:

– Meu chefe está sempre reclamando, sempre dizendo a todo mundo que ele trabalha muito, que está cansado e que ninguém aprecia nada que ele faz. E sai por aí dizendo: "Eu sou o gargalo da garrafa. Tudo tem que passar por mim. Por que ninguém consegue fazer uma coisa certa só para variar? Por que vocês precisam sempre me enlouquecer?"

Esse homem foi afetado pela devastadora doença da autocomiseração. Ele devia ter se lembrado que existem somente quatro pessoas no mundo interessadas em ouvir seus problemas: sua mãe, seu padre, seu médico e seu advogado. Aliás, seu médico e seu advogado são pagos para ouvir os seus problemas.

Certa vez, falei com o reverendo Oliver M. Butterfield, da cidade de Nova York, uma das maiores autoridades em casamento nos Estados Unidos. Ele dedicou anos ao estudo das causas dos problemas conjugais. Pedi ao dr. Butterfield que me falasse sobre a autocomiseração, sobre os indivíduos que têm complexo de mártir e que culpam todo mundo pelos seus problemas, menos a si mesmos. Perguntei a ele o que essas questões tinham a ver com divórcios. Ele disse que a autocomiseração era um fator tremendamente importante nos divórcios.

Portanto, se você quer ser popular, a regra número quatro é: não ande por aí sentindo pena de si mesmo e se lamentando por seus problemas.

Outra secretária me disse:

– Tenho um chefe terrível. Ele é muito convencido. Ninguém gosta dele. Está sempre falando que é importante, que é o melhor redator de textos publicitários que existe no mundo. Uma vez eu o ouvi dizer em um discurso que sempre teve sucesso em tudo que empreendeu. Ele está sempre menosprezando os outros e se gabando das grandes coisas que vai fazer.

O famoso filósofo Sir Francis Bacon disse que, quando um homem se apaixona por si mesmo, esse costuma ser o início de um romance para a vida inteira. O chefe dessa moça me lembra o general John Pope. Durante a Guerra Civil, Lincoln colocou o general Pope no comando do Exército do Potomac. Imediatamente, Pope fez uma proclamação ao exército se gabando de todas as vitórias que conquistara no Oeste e insinuando que os soldados do Potomac eram um bando de covardes. Veja bem, ele menosprezou os soldados que iam lutar por ele e depois se gabou de todos os milagres militares que ia realizar. Fez tantos anúncios bombásticos que logo foi chamado de "Pope, o Proclamador".

O que aconteceu em seguida? Os oficiais e os soldados de Pope o desprezaram. Ele ficou tão popular quanto uma cascavel. Isso aconteceu há muitos anos, mas aposto que é difícil existir uma empresa que não tenha tido, em algum momento, um pequeno "Pope, o Proclamador" se gabando dos milagres que realizará.

Assim, aqui está a quinta regra: se você quer que as pessoas gostem de você, não saia por aí se gabando de quanto você é inteligente e falando das suas brilhantes conquistas.

Espero não ter dado a impressão de que nenhuma secretária gosta do chefe, pois fiquei muito impressionado com o número de secretárias que falaram por muito tempo do que gostavam nos homens para quem trabalhavam.

Vamos resumir os cinco pontos levantados pelas cinco secretárias que acabei de mencionar. Se você quiser ser popular não só com sua secretária, mas com sua esposa, seu marido, seus filhos, seu namorado, sua namorada e todas as outras pessoas, eis a melhor maneira de fazer isso:

1. Não seja mal-humorado. Sorria. Irradie alegria e as pessoas ficarão felizes ao ver você chegar e tristes ao ver você ir embora.

2. Leve em conta os desejos e as vontades das outras pessoas. Não insista em fazer apenas o que você quer.

3. Nunca deixe de agradecer por favores recebidos. Sempre agradeça, e as pessoas farão de tudo para atender você.

4. Não fique com pena de si mesmo, lamentando seus problemas. Lembre que os outros também têm problemas.

5. Não saia por aí dizendo às pessoas que você é inteligente nem se gabando de suas brilhantes conquistas. Deixe que os outros descubram por si mesmos a pessoa maravilhosa que você é.

Essas regras de comportamento podem parecer simples, mas é surpreendente que as sigamos tão pouco. Pergunte a si mesmo: quantas vezes eu levo minha namorada para ver um filme de suspense mesmo sabendo que ela gostaria mais de uma comédia? Quantas vezes insisto para que os meus colegas almocem comigo no restaurante indiano, mesmo sabendo que eles não gostam tanto de comida indiana? Agradeço às pessoas pelos seus esforços por mim? Sigo essas regras do sucesso e agradeço com sinceridade ou apenas espero que os outros façam as coisas por mim? Aborreço as pessoas com meus problemas? Costumo falar com meu cônjuge ou meus amigos que tive um dia ruim, que meu chefe é estúpido ou que meu pescoço dói por causa do estresse no trabalho?

Muitos de nós fazemos essas coisas sem pensar, mas elas não proporcionam uma experiência positiva para quem está ao nosso redor. É muito mais prazeroso estar com alguém que pergunta como estamos, sorri e é agradável.

15

Demonstre sua consideração

Você gostaria que as pessoas gostassem mais de você? Gostaria de ter mais amigos? Se for empresário, não gostaria que as pessoas fizessem questão de fazer negócios com você?

O único propósito deste capítulo é mostrar como você pode conseguir tudo isso. Parece muita coisa, não? Entretanto, recebemos dezenas de cartas de gente que está alcançando esses resultados aplicando os princípios aqui descritos. Você pode aplicá-los e lucrar com eles independentemente de ser dona de casa, vendedor, executivo, balconista, médico ou professor.

O sr. F. H. Drake gerenciava o posto de gasolina Atlantic em Huntington, Pensilvânia, uma cidade com 8.500 habitantes.

A certa altura, o negócio do sr. Drake começou a degringolar.

– Postos de abastecimento surgiam ao meu redor como ervas daninhas. Todo mundo estava baixando preços e, claro, o inverno é a pior época para postos de gasolina em cidades pequenas.

"Visitei meus amigos e conhecidos e pedi que eles me dessem preferência. Além disso, publiquei anúncios nos jornais toda semana. Quando janeiro chegou, entrei em pânico, pois, na minha região, janeiro é o pior mês do ano para se vender gasolina. Muitos carros ficam parados aguardando as novas placas e, naturalmente, não há muitos turistas. Sempre esperamos uma queda de cerca de 15% em janeiro."

Quando alguém mal está faturando para cobrir as despesas, uma queda de 15% pode ser desastrosa.

Certa noite, o sr. Drake sintonizou meu programa de rádio e comprou o livro *Como fazer amigos e influenciar pessoas*.

– Decidi passar a ouvir sempre o seu programa – disse ele. – Um dia ouvi um dono de mercearia de Staten Island dizer que enviava cartas para os clientes. Decidi tentar essa ideia no meu negócio. Comecei a enviar cartas para todo mundo que tinha comprado gasolina de mim. Como cerca de um terço do meu faturamento vem de cartões de crédito, eu pegava os nomes nos cartões ou copiava os números das placas de alguns veículos, conseguindo os nomes e endereços no Departamento de Trânsito do estado.

"Nessas cartas, eu disse a cada cliente que era grato pela preferência e, acredite, eu me sentia mesmo grato. Disse que era um prazer servi-los – e era. Por fim, disse a eles que esperava ter esse prazer novamente – e fui sincero.

"O que aconteceu em seguida quase me deixou sem fôlego. Meu Deus, eu fiquei muito surpreso. Se não tivesse visto os resultados com meus próprios olhos, eu nem teria acreditado. Dois meses depois que comecei a fazer isso, pessoas de lugares distantes como Filadélfia, Pittsburgh, Harrisburg e Elmira começaram a voltar sempre para encher o tanque e trocar o óleo e me cumprimentavam como se eu fosse um velho amigo. Muitos me disseram que nunca antes alguém tinha pensado neles o suficiente para escrever uma carta e agradecer. Um homem veio de Altoona, Pensilvânia, e disse: 'Recebi sua carta e só queria dizer olá. Tenho gasolina suficiente para chegar em casa, mas vou abastecer mesmo assim.'"

Um dos clientes ia a Huntington toda semana a trabalho. Ele costumava encher o tanque em sua cidade natal, mas, depois de receber a carta, passava por cinquenta postos de abastecimento que vendiam gasolina a preços mais baixos só para abastecer no posto do sr. Drake. E pagava mais por litro – tudo por causa das cartas de agradecimento dele.

– E também teve o homem de Harrisburg que apareceu em meu posto outro dia. Ele notou que o medidor de gasolina estava baixo quando estava perto de Lewistown, que fica a 50 quilômetros de distância, e teve receio de ser obrigado a encher o tanque em outro posto no caminho. Ele me disse que chegou a prender a respiração nos últimos quilômetros, por medo de que o carro parasse antes de chegar ao meu posto. E ele era praticamente um desconhecido. Eu só o tinha visto uma vez.

"Eu simplesmente não conseguia acreditar. O que aconteceu me deixou desnorteado. Nunca tinha pensado em fazer coisas assim. Os negócios agora estão indo bem, com certeza."

Se você deseja progredir nos negócios, se deseja aumentar sua renda, se deseja que as pessoas gostem de você, faça pequenas coisas altruístas por elas e seja mais cortês. Charles Schwab certa vez me contou uma história que ilustra de maneira impressionante o valor da cortesia. Ele disse que, certa tarde, os balconistas de uma das maiores lojas de departamentos de Nova York estavam conversando quando uma cliente entrou. Chovia lá fora; a cliente estava molhada e constrangida. Algum dos vendedores prestou atenção nela? Sim, um jovem. Seu nome era Alexander Peacock. Ele perguntou o que podia fazer para ajudá-la e, após atendê-la, acompanhou-a até a porta, pegou um guarda-chuva e a levou até um táxi. Pouco antes de o táxi partir, a mulher disse:

– Você tem um cartão? Quero saber como encontrar você.

Alguns meses depois, a mesma loja de departamentos recebeu uma grande encomenda de mercadorias para abastecer um castelo na Escócia. Acompanhando a encomenda havia um pedido para que o jovem funcionário Alexander Peacock acompanhasse a remessa até a Escócia e ajudasse a instalar tudo.

A equipe ficou perplexa. A gerência protestou. O rapaz, destacaram eles, era um dos funcionários mais jovens. Por que não enviar alguém com anos de experiência, um especialista? Não, a cliente se recusava a aceitar qualquer outra pessoa, então o jovem foi enviado para a Escócia, do outro lado do Atlântico, encarregado de supervisionar um dos maiores pedidos da história da loja.

A mulher desconhecida que ele havia escoltado até a porta e colocado em um táxi era esposa de um dos homens mais ricos que já existiram. Era a esposa de Andrew Carnegie. A vida daquele funcionário mudou por completo graças a um pequeno gesto de cortesia. Um simples ato de cortesia também pode ser o ponto de virada em sua carreira.

Aposto que há milhares de leitores que estão dizendo neste exato segundo: "Eu sei que deveria ser mais cortês. Deveria agradecer às pessoas com mais frequência." Mas o simples fato de saber que você deve fazer isso não o ajudará em nada, a menos que realmente faça algo a respeito. A maioria de nós precisa desenvolver o hábito de ser mais cortês. E desenvolver um hábito novo e bom exige mentalização constante e esforço diário.

Então, amanhã vamos todos começar a ser mais atenciosos. Vamos adquirir o hábito de usar frases como estas: "Lamento muito incomodar. Você me faria a gentileza de fazer isso e aquilo? Obrigado pela sua consideração. Agradeço muito." E assim por diante. Certa vez, vi uma placa acima de um balcão de charutos em um hotel de South Bend, Indiana, que dizia: "Seu dinheiro de volta se esquecermos de agradecer."

Lembre que uma expressão simples e mecânica de agradecimento não vai funcionar. O agradecimento tem que vir do coração. Tem que ser verdadeiro. Por exemplo, anos atrás eu morava em Paris, tentando aprender a escrever. Eu tomava o café da manhã no meu quarto todas as manhãs. Certo dia, comprei geleia de laranja numa pequena mercearia do bairro. Quando esvaziei o pote, levei-o de volta e comprei outro pote. Isso aconteceu anos atrás, mas ainda me lembro da emoção que eu tinha ao comprar essa geleia.

Eu era recebido com um entusiasmo esfuziante: "Ah, *monsieur*!" Como eu estava? Como estava indo meu livro? Eu tinha gostado da geleia? Sinceramente, acho que eu não teria recebido tanta atenção se fosse o presidente da França! Aquele francês e sua esposa tornavam especial cada ocasião. Eles demonstravam quanto apreciavam a minha fidelidade e eu ficava tão feliz que teria caminhado dez quarteirões a mais para comprar geleia com eles.

Pense em modos de ser mais atencioso com os outros. Você retribui o sorriso do seu porteiro? Agradece ao seu assistente por ele ter feito um bom trabalho? Por nunca se atrasar? Pode parecer que essas coisas do dia a dia são óbvias, mas se, por exemplo, seu assistente se atrasar com frequência, a pontualidade dele começará a ser um problema. Todo mundo gosta de se sentir valorizado. Um pouco de cortesia e consideração é uma ótima forma de garantir que as pessoas ao seu redor saibam que você está ciente das coisas boas que elas fazem. Em troca, elas serão atenciosas e terão consideração por você.

16

Pense nos outros e dê o que eles desejam

UMA ÓTIMA FORMA DE GARANTIR QUE as pessoas tenham muita consideração por você é levar em conta e suprir seus desejos. Essa prática pode ser considerada uma extensão da cortesia, mas é mais do que ter boas maneiras e ser atencioso. É nos colocarmos no lugar da outra pessoa e perceber o que a deixaria feliz ou mais à vontade, ou o que tornaria seu trabalho mais fácil.

Anos atrás, um jovem estava às margens do rio Chicago. Estava desempregado. Contava com apenas 4 centavos.

– Aqui é onde vou começar tudo de novo – disse ele e jogou no rio seus últimos 4 centavos. Mais tarde, esse homem ficou milionário. Seu nome era Charles R. Walgreen, fundador de uma popular rede de farmácias.

Até os 35 anos, Walgreen triturava comprimidos e servia refrigerantes em farmácias de Chicago. Aos 63 anos, era diretor de uma rede de 518 farmácias espalhadas por todo o país.

Certa vez, passei um dia na casa de campo do sr. Walgreen. Voamos de Chicago para Dixon, Illinois. Lá, em uma cabana idêntica àquela em que Abe Lincoln foi recepcionado certa ocasião, passei horas conversando com Walgreen, tentando entender a razão de seu sucesso.

De vez em quando digo que não existem regras simples para o sucesso. A carreira de Charles Walgreen é uma impressionante demonstração dessa afirmativa. Ele me contou que nunca teve muita ambição e com certeza não teve nenhuma visão do que ia acontecer no futuro.

O sr. Walgreen também admitiu que nunca trabalhou demais e até hoje não trabalha muito. Já li centenas de biografias e entrevistei centenas de pessoas de sucesso. Sei que 99% das vezes o indivíduo que faz sucesso é aquele que está tomado por uma ambição insone e uma paixão pelo trabalho. Mas sejamos francos! Charles Walgreen é uma exceção à regra.

Por exemplo, nenhuma pessoa sensata recomendaria às pessoas que sentissem raiva nos negócios. Mas, se Walgreen não tivesse ficado com raiva, provavelmente não teria se tornado diretor de uma rede de farmácias. Na verdade, a raiva foi o ponto de virada na vida dele.

Na época, ele era um jovem balconista apático e irresponsável em uma farmácia de Chicago. Certo dia, uma mulher foi à loja para tomar um copo de água Vichy. Walgreen serviu a água a ela em um copo que havia lavado com bicarbonato de sódio, mas ele não tinha secado bem o copo, e ainda se via uma camada de bicarbonato. A cliente deu uma olhada no copo, foi até o gerente da loja e denunciou o balconista. Como ele pôde servir água Vichy em um copo sujo?

O gerente sabia que o copo não estava sujo. Mas explicou isso à cliente? Não. Ele culpou o funcionário, Charles Walgreen. Gritou com ele e lhe disse que devia ser demitido. Walgreen ficou indignado: seu precioso orgulho fora ferido. Ele ia dar umas lições no gerente. Ia se vingar dele! Ia pedir demissão!

Assim que a mulher saiu, Charlie foi até os fundos da loja para dizer ao patrão que ia pedir demissão. Mas o chefe já saíra para almoçar. Isso deu a Charlie um tempo para pensar. Ele pensou: "Se eu pedir demissão agora, o meu chefe não vai ficar bravo. Sou tão inútil que ele provavelmente ficará feliz se eu me demitir. Já sei o que vou fazer. Vou me tornar o melhor balconista de farmácia de Chicago e, depois, vou me demitir. Ele vai se arrepender. Vai me implorar para ficar. Mas vou dizer a ele para pegar sua farmácia velha e pular no lago."

Essa parecia uma ótima ideia, e Charlie logo a pôs em prática. Lavou e poliu todos os copos. Serviu os clientes com entusiasmo. Ficava ocupado de manhã à noite. Na noite de sábado, ele teve a maior surpresa da vida. Seu chefe disse:

– Charlie, o que aconteceu com você? Meu Deus, você é o melhor balconista de farmácia de Chicago. Vou lhe dar um aumento de 10 dólares.

Charlie recebia apenas 35 dólares por mês, e aquele aumento de 10 dólares parecia enorme. Assim, em vez de pedir demissão, decidiu ficar. Afinal, além do aumento de salário, ele havia conquistado algo ainda mais importante: alegria no trabalho. Pela primeira vez na vida, estava sentindo a emoção de um trabalho bem-feito. Foi assim que ele decidiu continuar no ramo de farmácias.

Anos depois, quando esse mesmo farmacêutico quis vender a loja, ele deu a Charlie Walgreen a primeira opção de compra. Walgreen pegou 2 mil dólares emprestados, pagou a entrada e se tornou dono de uma farmácia.

Mesmo assim, Charlie não demonstrava nenhum sinal de ambição. Ele estudava à noite para se tornar um farmacêutico registrado e lia muito. Na verdade, ele sempre lera muito. Quando menino, costumava devorar Ruskin, Bacon e Shakespeare. Mesmo mais velho, costumava ler três livros de cada vez: um de ficção, uma biografia e uma boa história de detetive à moda antiga.

Charles Walgreen me disse que, enquanto administrava sua primeira farmácia, nunca teve a menor ideia de que um dia teria outra. Na verdade, ele só tinha um interesse casual na primeira loja. Muitas vezes, ele saía da loja à tarde para ver um jogo de futebol americano e passava as noites jogando sinuca. Ele mal conseguia se sustentar com a primeira farmácia. Certo dia, um amigo, também dono de uma farmácia, se viu em apuros. Ele precisou vender a loja e implorou a Charlie que a comprasse. Walgreen não queria a loja, mas a comprou para ajudar o amigo. No entanto, logo descobriu que, contratando os funcionários adequados, era quase tão fácil administrar duas farmácias quanto uma. Depois ele comprou a terceira, a quarta e assim foi até ter mais de quinhentas.

Posso ter dado a impressão de que Charles Walgreen é mais indiferente do que é. Na verdade, iniciativa sempre foi um de seus principais ativos. Por exemplo, já contei que ele se sentou às margens do rio Chicago e jogou seus últimos 4 centavos na água. No dia seguinte, ele conseguiu um emprego em uma farmácia. Só que o farmacêutico queria alguém que falasse alemão. Charles não falava nem uma palavra de alemão, mas tinha iniciativa! Disse ao farmacêutico que, se conseguisse a oportunidade, aprenderia a falar alemão. Assim, ele comprou um livro didático de alemão e dedicou cada minuto livre ao estudo do idioma. No fim da primeira semana, ele já falava alemão tão bem que o farmacêutico o surpreendeu pagando 8 dólares por semana, quando tinha concordado em pagar apenas 7.

Outro segredo do sucesso de Walgreen foi a capacidade de pensar nos desejos dos outros. Por exemplo, quando se deparou com o problema de administrar sua primeira farmácia, foi direto ao ponto. "O que as pessoas querem?", perguntou a si mesmo. Ele concluiu que as pessoas querem três coisas: boa mercadoria por um preço razoável, conveniência e serviço atencioso. Com essas três coisas, fez sua fortuna.

Ele se orgulhava da capacidade de prestar um serviço rápido. Por exemplo, quando uma cliente no quarteirão ligava para fazer um pedido, Charlie o repetia em voz alta. Tão alta que um funcionário escutava tudo e já começava a preparar o pedido. Assim que estava tudo embalado, ele saía correndo para a casa da cliente. Enquanto isso, Walgreen a mantinha no telefone. Conversava sobre a saúde dela, dos filhos e várias coisas que pudessem mantê-la na linha. De repente, a campainha da porta da cliente tocava, e ela dizia: "Desculpe, sr. Walgreen, mas tem alguém na porta." Isso fazia Charlie Walgreen rir, pois ele sabia que era seu próprio funcionário entregando o pedido. Dá para imaginar o sucesso que isso fez?

Não, Charlie Walgreen nunca teve medo de testar coisas novas. Na verdade, os autores de negócios insistem que ele é o grande responsável pelo desenvolvimento das farmácias modernas. O balcão de bebidas eficiente, os corredores amplos e as vitrines bem iluminadas foram inspirados nas inovações de Charlie Walgreen. Ele deixou milhões de crianças felizes tornando os brinquedos uma mercadoria do ano todo em vez de um luxo sazonal. E transformou o antiquado balcão de refrigerantes em um local iluminado e agradável para fazer refeições, mudando assim os hábitos alimentares dos trabalhadores do país.

Embora Charles Walgreen tenha se tornado diretor de uma grande rede de farmácias, não teria conseguido um emprego em Hollywood fazendo o papel de um grande empresário, pois não parecia ambicioso. Na verdade, não era. Filho de um fazendeiro sueco, ele passou a infância na fazenda e, mais tarde, ainda parecia um agricultor. Se eu apresentasse você a ele e dissesse que ele era produtor de leite, você não duvidaria nem por um minuto. Ele era modesto, gentil, despretensioso.

Eu gostaria que você pudesse ver o escritório dele em Chicago, pois acho que mostra o tipo de homem que ele é. Era um escritório pequeno. No dia em que estive lá, um fogo alto crepitava na lareira. Walgreen levava seu pequeno boston terrier para o escritório todos os dias. Quando fui lá, o cachorro estava brincando com uma bola em frente à lareira. Na parede estava pendurado um lema que explica grande parte do sucesso de Charlie Walgreen. Dizia: "Só são grandes os que são gentis." Foi ele quem colocou esse lema na parede? Não mesmo. Alguns de seus funcionários imprimiram esse lema, emoldurararam e penduraram na parede porque sabiam que representava a filosofia de Charlie.

Acredito que o sucesso de Charles Walgreen se deveu muito à sua personalidade. Conversei com vários funcionários dele. Eles amavam o homem e, quando me disseram que o amavam, eu sabia que estavam falando sério. Na verdade, após passar um dia na casa de Charlie Walgreen, você entendia por quê. Ele tinha um interesse tremendo em servir os outros.

– Nós ganhamos ajudando os outros – disse ele. – Mas só se fizermos isso de forma altruísta, sem pensar em lucro.

Posso estar enganado – e frequentemente estou –, mas meu palpite é que essa frase explica mais o sucesso de Charlie Walgreen e de suas farmácias do que qualquer outra coisa que eu consiga imaginar.

Quando o deixei, pedi-lhe que me desse um conselho para repassar a você.

– Não há regras para o sucesso – disse ele. – O sucesso é feito de passos. Decida que você pode fazer seu trabalho tão bem quanto qualquer outra pessoa e até melhor. Depois, mantenha os olhos e ouvidos abertos. Mas esteja preparado para a sua oportunidade. Ela virá. O problema da maioria dos indivíduos é que eles são como um jogador de beisebol nervoso. Lutam contra a bola em vez de esperar que ela chegue ao rebatedor. Ficam ansiosos demais para ganhar o jogo e assim o perdem.

Nem sempre conseguimos saber o que os outros querem. Quando isso acontece, por que não perguntar? Quando perguntar parecer inadequado, podemos presumir que as pessoas gostam de ser vistas e ouvidas. Comece reconhecendo as pessoas ao redor. Cumprimente-as com um sorriso e as escute. Quando você as conhecer melhor, poderá avaliar o que elas mais desejam e apreciam. Enquanto isso, você estará criando a base para bons relacionamentos e ótimas interações.

17

Compartilhe suas ideias

COMO VIMOS, CONSIDERAR OS DESEJOS e as necessidades dos outros é muito importante para garantir nosso sucesso. Outra maneira de direcionar nossa atenção para fora é considerar maneiras de melhorar a empresa de nosso empregador. Pode ser economizar dinheiro, economizar tempo ou até mesmo tornar as interações dos funcionários mais tranquilas. Qualquer gerente gosta de ter um membro da equipe que oferece ideias para melhorar a organização. Mesmo que nossa ideia não seja adotada, o fato de estarmos tentando contribuir para o sucesso da empresa será notado e apreciado por aqueles com quem e para quem trabalhamos.

Ellis A. Gimbel Jr. foi CEO da grande loja de departamentos Gimbels em Nova York e vice-presidente da rede de lojas de departamentos Gimbels que se estende por todo o país. Ele empregava entre 3 e 4 mil pessoas apenas na loja de Nova York. A empresa o colocou em contato diário com milhares de pessoas. Eu o observei em ação no trabalho.

O sr. Gimbel destacou três estratégias que você pode adotar agora mesmo para ajudá-lo a conseguir um emprego, ganhar reconhecimento no trabalho e lidar com as pessoas de forma mais eficaz, tanto nos negócios quanto em casa.

Ele me disse:

– A maioria de nossos funcionários é da área de vendas. Não exigimos brilhantismo em nossa equipe de vendas e não insistimos em uma formação universitária, mas queremos pessoas que coloquem o coração no trabalho e façam com que os clientes sintam que é um prazer atendê-los.

E como esses vendedores são necessários! Vou contar o que aconteceu comigo. Um dia, eu estava andando pela Quinta Avenida quando atentei para uma gravata na vitrine de uma loja. Entrei na loja para comprá-la. Vários vendedores estavam ociosos, mas nenhum deles me recebeu à porta.

Caminhei metade da loja até chegar a dois vendedores recostados nos móveis, conversando um com o outro. Eu tive que ficar na frente deles para que olhassem para mim. Um deles perguntou, desanimado, o que eu queria. Respondi que eu queria a gravata azul da vitrine. Ele se ofereceu para pegá-la para mim? Não. Só olhou para os fundos da loja e gritou: "George!"

George estava evidentemente ocupado, então, com um ar de resignação, esse sujeito se dignou a me atender. Apontou para uma caixa de gravatas e disse: "Está vendo alguma aí que você queira?" Encontrei uma, e ele se afastou com ela de um jeito entediado e apático, e demorou tanto para embrulhar que tive que dizer que estava com pressa. Por fim, ele me entregou o pacote com uma expressão sonhadora, como se estivesse pensando no encontro que tivera na noite anterior, e me deixou sair da loja sem me agradecer pela compra.

Veja bem, isso aconteceu em uma loja na Quinta Avenida – uma das ruas comerciais mais refinadas do mundo. Parece incrível que, em uma cidade grande como Nova York, onde milhares de pessoas estão desempregadas, seja difícil conseguir vendedores que façam os clientes quererem voltar àquela loja.

Muitos jovens estão desempregados e se perguntam como podem se colocar no mercado de trabalho. Uma das melhores maneiras que conheço para começar bem nos negócios é se tornar vendedor. Foi assim que comecei quando saí da faculdade.

Perguntei ao sr. Gimbel se ele achava que o setor estava supersaturado.

– Está supersaturado de incompetentes, sr. Carnegie – respondeu ele. – Mas nunca esteve e nunca estará supersaturado do tipo certo de pessoa.

Sim. As empresas estão sempre procurando vendedores que possam sair e receber pedidos – pedidos que manterão a fumaça saindo das chaminés das fábricas. Bons vendedores são procurados em tempos bons e em tempos difíceis. Por exemplo, Harold Sigmund, presidente da Afta Solvents Corporation, de Nova York, me disse que anunciava nos jornais de domingo em busca de vendedores e que as grandes agências de empregos enviavam pessoas que queriam vender. Ele até dava aos bons vendedores uma comissão, mas achava extremamente difícil conseguir pessoas inteligentes, elegantes e com personalidade que saíssem e visitassem os clientes oito horas por dia, semana após semana, e usassem bom senso e entusiasmo para vender seu produto.

Aqui está o primeiro ponto. Vocês, homens e mulheres que estão se perguntando como podem começar nos negócios, me deixem sugerir que tentem ser vendedores. Lembrem que é preciso ter persistência. É preciso ter personalidade. É preciso ter autoconfiança e trabalhar muito. Mas as recompensas são ótimas para aqueles que estão dispostos a jogar.

Esse setor não se limita apenas a homens e mulheres jovens. Eu estava conversando na semana passada com o sr. E. H. Little, diretor da Colgate, e ele me disse que, em 1917, havia um grupo de rapazes e moças vendendo o sabonete da empresa. De repente, veio a Primeira Guerra Mundial, e muitos de seus vendedores foram convocados para o Exército, então E. H. Little foi obrigado a contratar vendedores que tinham entre 40 e 50 anos. Comentou que esses homens e mulheres mais velhos formaram uma das melhores forças de vendas que ele já teve.

O sr. Gimbel concordou:

– É comum descobrirmos, em muitos de nossos departamentos, que uma pessoa madura tem uma vantagem nítida. Por exemplo, se um cliente vai comprar um casaco de pele, um móvel ou um tapete, ele prefere ser atendido por uma pessoa com experiência e discernimento. Uma das maiores lições que aprendi é que ter jovens demais pode destruir a empresa, e ter idosos demais também. Toda empresa de qualquer tamanho deve ter idosos e jovens.

Aqui está outro ponto: os jovens e os idosos devem trabalhar juntos pelo avanço de ambos. Eles devem colaborar uns com os outros. Não pense que isso se aplica apenas aos negócios; aplica-se também em casa, na família. Os jovens têm energia, ideias e uma ambição impetuosa de progredir, mas podem economizar um milhão de dores de cabeça e decepções se decidirem se sentar e ouvir os conselhos dos idosos. Os idosos também lucram se forem estimulados pela mente aberta e pelo entusiasmo destemido dos jovens.

Assim, o sr. Gimbel estava procurando vendedores com entusiasmo e iniciativa, bem como o equilíbrio adequado entre idosos e jovens em sua organização. Ele também disse que procurava pessoas com ideias.

– Você ficará satisfeito em saber que algumas de nossas melhores ideias vêm de pessoas que estão em posições relativamente baixas. Por exemplo, tínhamos um rapaz que cuidava do incinerador no terceiro porão. Certo dia, ele veio até nós e disse: "Eu me pergunto se vocês percebem quantas coisas jogam fora que poderiam ser usadas novamente."

"Perguntamos: 'Como assim?'

"'Ah, eu sei que não parecem grande coisa: luminárias velhas enferrujadas e coisas assim. Tudo jogado escada abaixo por estar manchado e desgastado, mas será que não há um jeito de consertar essas coisas? Se vocês colocarem um homem lá embaixo para ver o que acontece naquele incinerador, vão economizar muito dinheiro.'

"Dissemos: 'Tudo bem, é uma boa ideia. Já que você pensou nisso, está promovido. Você assume o trabalho.'"

Aquele rapaz, pensando no trabalho e mantendo os olhos abertos, ganhou um aumento de salário e uma promoção e economizou centenas de dólares para a empresa.

O sr. Gimbel dá outro exemplo de funcionário com ideias:

– Tínhamos uma jovem que trabalhava como redatora no departamento de publicidade. Ela veio até nós e reclamou que as alças da anágua escorregavam dos ombros quando ela tinha que se segurar em um gancho no metrô lotado. Disse que, se acontecia com ela, devia acontecer com todas as mulheres. Assim, com a ajuda de um fabricante, lançamos uma anágua que não tinha esse problema. Foi anunciada em todo o país, e as mulheres compravam aos milhares.

Aqui está o terceiro ponto que quero destacar: todos os empregadores procuram pessoas que estejam atentas para descobrir novas formas e novos meios de melhorar o negócio. Essas pessoas – as pessoas com ideias – são as primeiras a receber um aumento de salário ou uma promoção. Então, por que você não dá uma olhada no seu emprego amanhã e confere se não há algum jeito de economizar dinheiro ou tempo do seu empregador ou contribuir para a eficiência da organização?

Quando está no emprego, você desenvolve experiência em primeira mão sobre como seu trabalho pode ser mais bem realizado ou como seu empregador pode economizar dinheiro. Esse tipo de informação é inestimável para um empregador: ele vai adorar se você compartilhar suas observações de forma objetiva (não presunçosa nem orgulhosa). Esse é um momento em que é bom falar! Você pode ou não receber algo concreto pela sugestão, mas as pessoas ao redor saberão que você considera importantes os interesses da organização. Por sua vez, você aumenta a percepção delas sobre você como alguém em quem confiam e que gostam de ter como membro da equipe. Lembre-se de que sua ideia não precisa ser completamente nova. Se você se lembra de um jeito de economizar energia no escritório que usava em seu emprego anterior, não mantenha isso em segredo no novo.

18

A única forma de vencer uma discussão é evitá-la

Você já venceu uma discussão? Durante anos eu tentei vencer discussões. Nasci no Missouri: tinha que me mostrar. Na faculdade, me especializei em debates, e confesso, envergonhado, que pensei seriamente em escrever um livro sobre como vencer uma discussão. Mas agora cheguei à conclusão de que 99% das vezes uma discussão termina com cada indivíduo mais firmemente convencido do que nunca de que está certo. Você não pode ganhar uma discussão, já que, se perder, perdeu; e se ganhar também perdeu, pois triunfou sobre a outra pessoa e a fez se sentir pequena.

"Uma pessoa convencida contra sua vontade continua com a mesma opinião." Assim, uma das regras mais importantes ao lidar com pessoas é a seguinte: nunca diga que o outro está errado. Lembre-se de que o único modo de vencer uma discussão é evitá-la.

Um homem chamado Archie Danos teve vários problemas por causa de discussões. Ele era senhorio na cidade de Nova York e também administrava grandes prédios residenciais.

– Nasci no Texas – disse Danos – e, quando vim para o Leste, atingi Nova York como um ciclone. Eu achava que ia arrasar na cidade. Não estava disposto a aturar nada de ninguém. Nunca admiti que nenhum inquilino tivesse motivos para reclamar. Eu sempre discutia e brigava com eles. Eu ganhava as discussões, sim, mas não ganhava negócios. Eu não estava arrasando na cidade; a cidade é que estava me arrasando.

Ele contou a história de uma locatária.

– Eu tinha uma inquilina que via defeito em tudo, estava sempre reclamando. Por fim, ela se recusou a pagar o aluguel. Então fui visitá-la e perguntei o que estava errado. Nosso diálogo foi assim:

– O que está errado?! – disse ela. – Vou te mostrar! Olha essa janela! A pintura está descascando! Isso é uma vergonha! Nenhuma manutenção! Nenhuma atenção! Você só pensa em receber o aluguel!

– Claro que a tinta está descascando – falei. – Por que não deveria descascar? Você está lavando os peitoris com água e sabão. Nenhuma pintura aguenta isso.

– Mas eles ficam sujos! Precisam ser esfregados!

– Isso não cabe a nós. Não somos responsáveis pelos danos que os inquilinos provocam depois que se mudam.

– Suponho que você também não seja responsável pela calefação nem pela água quente, não é? Nunca consigo água quente depois de meia-noite, e os radiadores ficam gelados depois das onze.

– Engraçado. Os outros inquilinos nunca reclamaram. Provavelmente você reduz a temperatura dos radiadores durante o dia e depois se esquece de aumentá-la. Claro que eles ficam frios. E tem muita água quente a noite toda se você deixar a torneira aberta por tempo suficiente. Agora, qual é essa reclamação sobre os vizinhos de cima?

– Ou eles vão embora, ou eu é que vou! Essa mulher aí de cima fica andando a noite toda, batendo os saltos no chão! Isso me deixa louca!

– Bem, você com certeza não espera que eu diga às pessoas que elas não podem andar na própria casa.

– Mas eu estou dizendo que não consigo dormir! Estou à beira de um colapso nervoso!

– Veja bem, sra. Peterson. Temos 86 inquilinos aqui. Não podemos administrar o prédio para um único inquilino. Esse é um prédio residencial. É de esperar algum barulho. Se a senhora quer que as coisas sejam feitas só para a senhora, por que não vai morar em uma casa? Agora vamos à questão do aluguel, que está atrasado.

– Aluguel! Aluguel! Aí está. Eu quero manutenção. Não consigo dormir e você vem me falar de aluguel! Bem, você não vai receber nem um centavo do meu aluguel até me tratar bem! Nem um centavo! Eu me recuso a pagar.

– Ah, a senhora não vai pagar o aluguel? Então vou lembrar que, quando a senhora se mudou para cá, assinou um contrato de aluguel. Se eu não receber o aluguel em dois dias, entrarei com um processo judicial para despejá-la.

Danos continuou:

– Eu não recebi aquele aluguel. Mas, naquela época, li um livro chamado *Como fazer amigos e influenciar pessoas*, que me fez desconfiar de que havia algo errado comigo, não com meus inquilinos.

Archie veio me ver, e eu disse que ele podia morrer de fome se continuasse querendo ganhar discussões nos negócios. As pessoas não querem que você prove que estão erradas: elas querem que você as escute, acolha suas reclamações e considere o ponto de vista delas.

Quando visitou a sra. Peterson de novo, Archie usou um pouco de bom senso. Não discutiu. O diálogo entre eles foi assim:

– Não culpo a senhora nem um pouco por estar irritada. A senhora teve motivos para reclamar.

– Pode apostar que tive!

– Bem, esta é a sua casa, sra. Peterson. A senhora está usando seu dinheiro suado para morar aqui. Queremos tornar este apartamento o mais alegre e confortável possível para a senhora.

– Até agora, ele não tem sido alegre nem confortável, pode acreditar!

– Bem, sobre o peitoril das janelas. Vamos pintar e passar uma camada de cera pesada por cima. Aí tenho certeza de que a pintura vai aguentar quantas lavagens forem. Posso mandar um homem vir aqui para fazer isso amanhã?

– Amanhã? Deixe-me ver. Sim. Amanhã está bom.

– Também falei com as pessoas do apartamento de cima. A moradora de lá está doente. O que a senhora está ouvindo são os passos da enfermeira. Perguntei se ela se importaria de usar saltos de borracha. Ela não tinha se tocado de que poderia estar incomodando alguém.

– Ah, tem alguém doente lá? Sinto muito por ter reclamado.

– Agora, a senhora continua tendo problema com a água quente?

– Água quente? Ah... é... não, sr. Danos. Na verdade, o senhor estava certo a esse respeito. Tem muita água quente, eu é que não estava deixando a torneira aberta por tempo suficiente.

– Tem mais alguma coisa que a gente possa fazer pela senhora?

– Bem, no momento, não, sr. Danos.

– Se houver, por favor, me ligue. Queremos que a senhora fique não só satisfeita, mas feliz em morar aqui.

– Obrigada, sr. Danos.

Foi uma bela mudança. O sr. Danos não discutiu, apenas viu as coisas pelo ponto de vista da inquilina. Assim, ele conquistou a boa vontade dela. E ele nem mencionou o aluguel. Ela pagou?

– Estava na correspondência da manhã seguinte! – disse o sr. Danos. – A sra. Peterson está hoje entre os nossos melhores inquilinos e ela nunca mais fez nenhuma reclamação.

Um jovem chamado John Johnstone nos escreveu dizendo que temia ser demitido se não aprendesse a conviver com os colegas de escritório. Ele tinha apenas 20 anos, mas, a menos que mudasse de atitude, temia ficar sem amigos, sem dinheiro, sem emprego e sem nenhuma esperança de conseguir outro emprego. O sr. Johnstone era publicitário, desenhava anúncios e fazia layouts.

Eis um exemplo do que acontecia no escritório. O sr. Johnstone e o sr. Roberts, outro desenhista de layouts, estavam olhando pela janela.

O sr. Johnstone disse:

– Vou lhe falar uma coisa, Roberts, o Wetherby é só um velho pomposo. Ele entende tanto de administrar esse negócio quanto um office boy. É um milagre que ainda tenhamos alguma conta.

– Ah, acho que estamos indo muito bem – respondeu Roberts.

– Muito bem nada! Eu poderia tirar esse negócio da lama. O que esse lugar precisa é de ânimo, sangue novo e novos clientes.

– Bem, vamos começar logo os dois anúncios de página inteira para o jornal de amanhã. É melhor fazermos primeiro o da Thompson.

– Primeiro o da Thompson? Você está louco. O da Monroe é mais importante.

– Mas a Thompson está fazendo uma campanha especial.

– E daí? A longo prazo, ganhamos o dobro de dinheiro com a conta da Monroe.

— Olha, temos dois trabalhos urgentes – disse o sr. Roberts. – Não podemos ficar aqui discutindo.

— Não estou discutindo. Estou só relatando fatos. Você sabe quanto dinheiro a Monroe gasta por ano com a nossa empresa?

— Não sei e não me interessa. Vamos começar, senão vamos ficar discutindo aqui a noite toda.

— Aposto que eu conseguiria lidar com a conta da Thompson. Poderia convencê-los a dobrar a verba.

— Ei, espere um pouco – disse o sr. Roberts. – O velho estava parado ali, perto do bebedouro. Aposto que ele ouviu tudo que você disse.

— É mesmo? Caramba!

O sr. Wetherby, o chefe, mandou chamar o sr. Johnstone e deu uma bronca nele por ficar discutindo e não se importar com as próprias tarefas. Uma semana depois, Johnstone foi demitido.

Perguntei a ele se costumava iniciar discussões durante o horário de trabalho.

— Bem, eu tentava não fazer isso – respondeu ele. – Mas, poxa, quando a gente sabe que está certo e o outro está errado, a gente tem que dizer alguma coisa.

— O que faz você ter tanta certeza de que está sempre certo? – perguntei a ele.

— Ah, eu sei – respondeu ele. – Eu leio muito. Tenho uma enciclopédia em casa chamada Lincoln Library e, quando tínhamos discussões no escritório, eu usava o livro para provar que tinha razão.

— Quer dizer que você levou o livro para o escritório?

— Claro que sim.

— Você não acha que isso pode torná-lo um pouco impopular? – perguntei.

— Eu tento ficar quieto, mas não consigo. Quando ouço alguém fazer uma declaração que eu sei que está errada, fico tão nervoso que começo a suar frio na nuca.

— Ora, ora. Parece que você se considera um comitê autonomeado para corrigir todo mundo – comentei. – Para falar a verdade, você me lembra de mim mesmo anos atrás. Olha só, sou do Missouri! Nasci lá. Passei os primeiros vinte anos da vida lá e tinha que me mostrar. Eu discutia até ficar vermelho. Na verdade, fazia exatamente o que você fez. Levava livros e provava que os caras estavam absolutamente errados e eu, absolutamente certo. Mas aonde isso me levou? Ganhei discussões, claro, mas perdi amigos.

"Sabe, sr. Johnstone, Benjamin Franklin era muito parecido com você quando era jovem. Vivia discutindo. Contradizia todo mundo que não concordava com ele. Um dia, um velho quacre o chamou de lado e disse: 'Olha, Ben, você é um jovem inteligente, mas já percebeu que dá a impressão de que sabe tudo? Ninguém pode lhe dizer nada. Se alguém discorda de você, está errado. Você não terá muitos amigos nem chegará muito longe na vida se não mudar seus modos.'

"Isso ensinou uma lição a Benjamin Franklin. Ele parou com as discussões imediatamente. Na verdade, tornou-se tão hábil e diplomático que depois foi nomeado embaixador norte-americano na França. Em sua autobiografia, ele diz que deve o sucesso na vida em grande parte à lição que recebeu do velho quacre."

– Mas o que você me aconselha a fazer? – perguntou o sr. Johnstone.

– Eu aconselho enfaticamente que você pare de discutir. Ninguém gosta que apontem seus erros. Eis um bom conselho do próprio Benjamin Franklin: "Se você brigar, disputar e contestar, às vezes poderá conseguir uma vitória, mas será uma vitória vazia, pois você terá perdido a boa vontade da outra pessoa."

"Lembre-se de que ninguém gosta de ouvir que está errado. Da próxima vez que você ouvir alguém fazer uma declaração que não é verdadeira, feche a boca com força e se recuse a dizer uma palavra. Nem uma palavra. Se continuar irritado, espere até chegar em casa e escreva uma carta para o indivíduo. Escreva uma dessas cartas coléricas, daquelas de queimar o papel. Depois guarde a carta por três dias antes de enviá-la. Se fizer isso, provavelmente nunca a enviará, pois, com o passar do tempo, sr. Johnstone, você descobrirá que as discussões sempre custarão o preço que você acabou de pagar: a perda de seu emprego."

Pense em uma ocasião em que você discutiu com alguém. Como se sentiu quando a discussão terminou? Você se sentiu feliz por "ganhar" a discussão? Sentiu raiva ou vergonha por ter "perdido"? Não há vencedor real ao fim de uma discussão: as duas pessoas se sentem mal.

Se você está pensando "Fico feliz quando ganho uma discussão porque provei que estou certo", pergunte a si mesmo se isso é verdade mesmo. É bom ser presunçoso? É bom colocar alguém no seu devido lugar? Se você acha que sim, quanto tempo dura essa sensação? Você acha que passará a ter interações positivas com essa pessoa no futuro?

    A próxima vez que se encontrar em uma situação de conflito, tente uma nova abordagem para a discussão. Você descobrirá que os outros raramente mantêm uma postura combativa quando você abandona a sua. Em vez de dizer à outra pessoa que ela está errada, tente entender o ponto de vista dela. Não fique repetindo sua opinião como se fosse a única verdade possível. Permita que a perspectiva da outra pessoa seja válida. Se não puder dizer "Você está certo" por ter certeza de que o outro indivíduo não está certo e por não aceitar a perspectiva dele (por exemplo, a de que você provocou um acidente de trânsito por negligência), isso não significa que você deva discutir. Em vez disso, pode dizer "Não é meu ponto de vista, mas entendo que é o seu" ou mesmo "Vamos concordar em discordar". É uma expressão usada em excesso, mas é melhor ser banal que intimidador.

19

Mantenha boas relações com os outros

Um método infalível para garantir bons relacionamentos é que as pessoas saibam que realmente nos importamos com elas. Nesse sentido, sempre devemos nos esforçar para lembrar o nome de todos.

Lembre-se de que nenhum outro som na Terra é tão doce para os ouvidos de alguém quanto o som do próprio nome. Poucos elogios são mais eficazes do que lembrar corretamente o nome do indivíduo e usá-lo com frequência.

Vou dar um exemplo. Há pouco tempo, participei de um jantar dançante em um clube de campo. Percebi que uma jovem era extremamente popular e perguntei a ela o segredo de sua popularidade.

– É tudo muito simples – disse ela. – Quando sou apresentada a um jovem, faço um grande esforço para lembrar seu nome. Então me dirijo a ele pelo nome enquanto dançamos. Quando ele me convida para outra dança, uso o nome dele de novo. Isso mostra que me interessei por ele o suficiente para me lembrar do seu nome. Esse é o meu segredo.

Aquela jovem estava usando um dos segredos de popularidade mais antigos do mundo – um segredo tão poderoso nos negócios quanto na vida social. Um segredo que você e eu poderemos usar para fazer amigos e influenciar pessoas.

Um homem que alcançou um sucesso extraordinário nos negócios, em grande parte por causa de sua capacidade de lembrar nomes, foi John L. Horgan, que durante muitos anos administrou hotéis. Por incrível que pareça, ele conseguia chamar pelo nome quase meio milhão de pessoas. Há dezenas de artigos de jornais e revistas sobre sua memória surpreendente, e Robert Ripley o usou em um cartum de "Acredite se quiser".

O sr. Horgan explicou como desenvolveu sua incrível memória para nomes.

– Foi uma lição que aprendi no início da minha carreira. Eu trabalhava com um camareiro que tinha memória fraca. Ele não conseguia nem se lembrar do nome de alguém que havia conhecido no mesmo dia, mas fazia questão de cumprimentar cada hóspede pelo nome e me mantinha por perto para lembrar os nomes para ele. Foi assim que decidi que uma das melhores formas de progredir rapidamente no ramo hoteleiro seria me especializar em lembrar o nome das pessoas.

"Acredito que 75% de todo o sucesso que eu tive se deve a essa capacidade. Na verdade, ser capaz de lembrar o nome de um homem foi o ponto de virada na minha carreira e me proporcionou o primeiro cargo de gerente de um hotel importante."

Eis como aconteceu. Foi no Hotel Statler, em Cleveland, Ohio. Um homem de aparência distinta entrou pela porta giratória. O sr. Horgan se aproximou e o cumprimentou.

– Boa tarde, sr. Nicola – disse ele. – É um grande prazer ter o senhor hospedado conosco.

– Ah, hum, boa tarde – disse o sr. Nicola. – Mas como você sabe meu nome? Eu nunca estive neste hotel.

– Ora, o senhor é F. F. Nicola, de Pittsburgh. Lembro do senhor no Union Club, em 1907.

– Isso foi há doze anos. Estou surpreso. Quer dizer que você se lembrou do meu nome durante doze anos. Você era membro do Union Club?

– Não. Na verdade, eu era um dos caixas.

– E você se lembrou de mim depois de doze anos.

– Eu o reconheci quase no segundo em que entrou, sr. Nicola.

– Ora, ora, ora; e o que você está fazendo aqui?
– Sou subgerente deste hotel.
– Subgerente? Qual é o seu nome?
– John L. Horgan.
– Bem, vamos apertar as mãos, sr. Horgan. Estou muito feliz em conhecê-lo. Acho que você é exatamente a pessoa que estou procurando.
– Procurando?
– Sim, sou presidente do Schenley Hotel, em Pittsburgh.
– Sim, eu sei, sr. Nicola. Na verdade, a minha carreira na hotelaria começou no Schenley. Eu era o verificador de alimentos da cozinha.
– Hum... Você começou como verificador de alimentos. Bem, gostaria de voltar para lá como gerente?
– Gerente? Do Schenley?
– Isso mesmo. Se conseguir se lembrar de metade dos nomes de todos os hóspedes do Schenley como se lembra do meu nome, você é o homem que quero no comando lá. Estou no mercado há muitos anos, sr. Horgan, e descobri a enorme importância de ser capaz de lembrar nomes. Você gostaria do emprego?
– Eu ficaria encantado em ir para Pittsburgh e ser gerente do Schenley.

O sr. Horgan é um exemplo perfeito do fato de que compensa lembrar o nome de uma pessoa.

– Lembrar o nome de uma pessoa foi o ponto de virada na minha vida – disse Horgan –, pois me tornou o gerente mais jovem de um hotel importante quando eu tinha 26 anos. Até hoje, já gerenciei três grandes hotéis. E eis um fato surpreendente: lembrar o nome daquele homem me garantiu quatro ofertas diferentes de cinco hotéis diferentes para atuar como gerente. Assim que o Schenley me convidou, três outros grandes hotéis começaram a desejar meus serviços.

Lembrar o nome das pessoas é um ótimo jeito de informar que você se interessa por elas e um bom primeiro passo para que os outros queiram conhecer você melhor. Mas o que fazer a partir daí?

Você já enfrentou o problema de como atrair e manter o interesse de uma pessoa? Todos nós enfrentamos essa dificuldade quase todos os dias, em contatos comerciais e sociais. Para os vendedores, é algo especialmente importante.

Um homem que tem uma história interessante de como lidou com esse problema é James Adamson, presidente da Superior Seating Company, de Nova York. Certa ocasião, ele desejava receber um grande pedido do sr. George Eastman, fundador da Kodak, que na época estava construindo a Eastman School of Music e o Kilburn Hall.

O sr. Adamson foi ao escritório do sr. Eastman, em Rochester, Nova York, e foi recebido pelo seu arquiteto.

– Ele me avisou que, se eu tomasse mais de cinco minutos do tempo do sr. Eastman, eu não teria a menor chance de ter meu pedido atendido – lembrou o sr. Adamson.

Mas, ao entrar no escritório do sr. Eastman, o sr. Adamson disse:

– Sabe, sr. Eastman, trabalho no ramo de marcenaria de interiores e nunca vi um escritório mais bonito na vida. Esse painel na parede é de carvalho inglês, não é?

– Um amigo especializado em madeiras finas o escolheu para mim – comentou Eastman. – Olhe para este veio. Veja como é lindo.

O sr. Eastman passou quinze minutos andando pela sala, mostrando ao sr. Adamson as proporções e as cores do escritório, as madeiras talhadas à mão e outros efeitos que ele ajudara a planejar e executar. A entrevista de cinco minutos se transformou em uma agradável conversa de duas horas.

O sr. Adamson viu uma câmera em uma vitrine de vidro e comentou:

– Essa é com certeza uma veterana.

– Sim – disse o sr. Eastman –, mas é um dos meus bens mais preciosos. É a primeira câmera que eu tive. Eu ficava tão fascinado com ela que não conseguia pensar em mais nada. Eu trabalhava em um escritório o dia inteiro e tinha que realizar meus experimentos fotográficos à noite. Às vezes trabalhava e dormia de roupa, sem nunca tocá-la, por 72 horas seguidas.

"Vou propor uma coisa: por que você não vai almoçar comigo na minha casa? Quero lhe mostrar umas cadeiras japonesas que estou pintando. Você gostaria de ver?"

O sr. Adamson teria apenas cinco minutos do tempo do sr. Eastman, mas os dois conversaram por quatro horas.

– Eu não esperava receber um pedido no mesmo dia – disse o sr. Adamson –, mas deixei umas amostras e, algumas semanas depois, o sr. Eastman me fez um pedido de 90 mil dólares em equipamentos para assentos.

O professor William James, de Harvard, disse certa vez: "O desejo mais profundo da natureza humana é o de ser apreciado." Quando James Adamson mostrou admiração pelo escritório e pelas incríveis realizações do sr. Eastman, este ficou satisfeito. A partir daí se desenvolveu uma amizade social e empresarial.

Benjamin Disraeli foi um dos homens mais sábios que governaram o Império Britânico e, quando foi primeiro-ministro da Inglaterra, afirmou: "Fale com um homem a respeito dele mesmo e ele o ouvirá por horas."

Estaria eu falando de bajulação? Estaria falando em dizer algo gentil, que você normalmente não diria, para obter alguma coisa de outra pessoa? Não, não! Isso não enganaria ninguém. Não, não estou falando de bajulação, pois bajulação é uma coisa egoísta e falsa. Não funciona.

Estou dizendo que, se nos esquecermos de nós mesmos e nos interessarmos de fato pelas outras pessoas, faremos amigos sem nem perceber e provavelmente também aumentaremos nossa renda, pois costumamos fazer negócios com pessoas das quais gostamos.

Assim, façamos dessa constatação nossa regra de como vencer: vamos parar de falar sobre como somos importantes e começar a expressar nossa sincera admiração pelos pontos positivos dos outros. Aplique essa regra na próxima semana.

Certa vez, recebi uma carta de um jovem. Fiquei tão profundamente comovido que decidi entrar em contato com ele o mais rápido possível. Seu nome era Edwin McDowd, e ele disse que não tinha nenhum amigo no mundo, com exceção da esposa. (Talvez você se interesse em saber que já recebi muitas cartas de pessoas que não conseguem manter amizades.)

Embora o sr. McDowd pudesse ter alguns defeitos graves, ele também tinha algumas virtudes excepcionais. Por exemplo, ele me permitiu interrogá-lo por muito tempo e consentiu em me deixar analisar seus defeitos na sincera esperança de poder ajudar outros com o mesmo problema. É preciso coragem para fazer uma coisa dessas – uma coragem que poucas pessoas têm.

Perguntei ao sr. McDowd o que ele fazia quando conhecia alguém.

– Tento causar uma boa impressão nas pessoas. Falo de mim e de coisas que me interessam. Falo de experiências interessantes que tive. Digo o que penso e o que desejo fazer.

– Você não percebe a impressão que isso causa nas outras pessoas? – comentei. – Você começa a falar de si mesmo. Você diz "eu, eu, eu". Conta às pessoas a história de sua vida. Resumindo, você monopoliza a conversa.

– Eu nunca tinha pensado nisso por esse ângulo, sr. Carnegie. Eu só tento ser interessante.

– Sr. McDowd, o segredo para se tornar interessante é muito simples: basta mostrar interesse pela outra pessoa. Você sabe quem é o maior colecionador de amigos do mundo?

– Não, quem?

– Um cachorrinho. Sim, um cachorrinho sabe mais sobre a arte de fazer amigos do que todos os filósofos e psicólogos do mundo. Se você der um tapinha na cabeça dele e disser algumas palavras bondosas, ele fará de tudo para demonstrar que está muito feliz em vê-lo. Você sabe que ele não quer nada de você. Não está tentando lhe vender nada. Não está tentando impressioná-lo com a importância dele. A única coisa que ele quer é o privilégio de estar com você e dar amor. Não é de admirar que todo mundo adore um cachorrinho. Com os seres humanos ocorre exatamente a mesma coisa. Se está feliz em me ver e se interessa por mim, eu fico feliz de ver você e me interesso por você. Portanto, a primeira regra para conquistar amigos é parar de pensar em si mesmo e começar a pensar nos outros. Por que as pessoas deveriam gostar de você se você não demonstra nenhum interesse por elas? Bem, sr. McDowd, o senhor disse que ninguém gosta de você, exceto sua esposa.

– Sr. Carnegie, posso lhe dizer sem medo de mentir que minha esposa e eu jamais tivemos uma briga ou um momento desagradável.

– Sr. McDowd, milhares de pessoas que ouvissem isso provavelmente o invejariam do fundo do coração. Você tem aqui um começo para a felicidade futura que nenhum dinheiro na Terra pode comprar, mas já parou para tentar entender por que você se dá tão bem com sua esposa?

– Eu amo minha esposa.

– É só isso. Você ama sua esposa, se interessa por ela. Não precisa tentar impressioná-la. E faz tudo que pode para deixá-la feliz. Ela o ama e se interessa por você. Por que não presumir que o mesmo princípio pode se aplicar às suas relações com outras pessoas? Na verdade, a maioria de suas falhas é por causa da inibição e do excesso de ansiedade.

"Você tem muitas qualidades. Tem uma expressão agradável e um sorriso simpático. Está disposto a admitir suas falhas e ansioso para aprender. Acho que não terá nenhuma dificuldade em fazer amigos se seguir esta regra: se quer que outras pessoas se interessem por você, você deve se interessar por elas. Portanto, pare de pensar em si mesmo. Pare de falar de si mesmo. Pare de tentar impressionar os outros com sua importância. Experimente aplicar essa regra, sr. McDowd, pois, se aplicá-la conscientemente, descobrirá que as pessoas não conseguirão evitar gostar de você."

Essas ideias sobre transmitir nosso interesse pelos outros podem parecer óbvias, mas nos esquecemos com frequência de colocá-las em prática. Quantas vezes somos apresentados a alguém e nem ouvimos seu nome? Nesse momento, muitas pessoas estão pensando em si mesmas: "Estou sorrindo, fazendo contato visual e apertando as mãos de forma resoluta, mas não masculina demais? Será que tem restos de comida presos nos meus dentes?" Ou estão avaliando a outra pessoa: "Uau, que pele maravilhosa! Será que fui apresentado a ela no último evento aqui? Será que é namorada ou amiga dele?" E o nome que ouvimos não se fixa em nossa memória.

Pode ser necessário tentar muitas vezes até que a prática de lembrar o nome de alguém se torne um hábito. Mas que hábito excelente! Nós não ficamos impressionados quando alguém nos reconhece e nos chama pelo nome?

A ideia de falar com as pessoas sobre elas mesmas claramente não é muito praticada. Se fosse, a expressão "Como vai você?" seria muito mais usada nas conversas. Podemos querer entreter e presentear aqueles que encontramos com nossas histórias, mas, em geral, as pessoas que encontramos querem ser ouvidas. Nossas conversas serão muito mais gratificantes se cativarmos os outros, perguntarmos sobre suas paixões ou simplesmente permitirmos que eles se expressem. A pessoa com quem estamos falando terá uma boa lembrança do tempo passado conosco e, ao mesmo tempo, aprenderemos coisas que nos ajudarão a interagir com ela mais tarde. Mas, se só falarmos de nós, aprenderemos muito pouco sobre os indivíduos ao nosso redor e sobre como sermos sensíveis e eficazes com eles.

20

Escute: tente ver as coisas pelo ponto de vista dos outros

SER UM BOM INTERLOCUTOR, UM BOM companheiro e certamente um bom empresário exige que a gente escute. Isso significa não só esperar pelo momento adequado para responder a alguém como também ouvir de verdade o que a pessoa está dizendo. Independentemente de quem está falando ou do assunto abordado, escute com atenção as palavras escolhidas pela pessoa. Você pode até testar a técnica da escuta ativa, em que reformula a declaração da pessoa e a repete. Se não for executada de um modo que pareça excessivamente deliberado, essa técnica é uma ótima forma de envolver o indivíduo com quem está falando e de ele saber que você está prestando atenção de verdade.

Ao ouvir os outros com atenção e levá-los a compartilhar seus desejos conosco, somos capazes de fazer amizade, de obter a confiança deles e de atender às suas necessidades. É assim que desenvolvemos bons relacionamentos.

Como disse Henry Ford: "O segredo para o sucesso, caso exista, está na capacidade de entender o ponto de vista dos outros e de ver as coisas tanto pelo ângulo deles quanto pelo seu."

Um homem que lucrou com esse conselho foi o dono da menor empresa de óleos lubrificantes da cidade de Nova York. Competindo com os maiores conglomerados de petróleo do mundo, ele os derrotou e tirou negócios deles.

Sei que você não é necessariamente vendedor. Mas, no fundo, não estamos todos, de uma forma ou de outra, no negócio de vendas? Quando não estamos tentando vender um produto, estamos tentando vender nossos serviços, nossas ideias, nosso entusiasmo ou nossa personalidade. Estamos tentando nos vender para o mundo, tentando fazer amigos.

Assim, todos podemos aprender uma lição valiosa com a forma como esse homem resolveu seu problema. Seu nome era Herb Williams, e ele dirigia a Williams Lubricating Company. Ele próprio fazia as vezes de vendedor, contador, estenógrafo e office boy. Não tinha ninguém para ajudá-lo, mas tirou negócios de empresas com milhares de funcionários.

Nos primeiros cinco anos, ele teve muitas dificuldades. Na verdade, estava só mantendo a cabeça fora da água.

Durante anos, ele ligou para a Borden Company, uma das maiores empresas de laticínios da cidade de Nova York – que tinha mais de oito mil vagões e caminhões de entrega e comprava milhares de quilos de graxa para eixo todo mês.

– Tentei obter um pedido durante anos, mas nunca consegui – disse ele. – Não havia nada de errado, mas o agente de compras, sr. Mohr, sempre me dizia que estava satisfeito com a graxa que usava.

"Conversei muito com ele sobre graxa lubrificante. Disse que tipo de graxa para eixo ele deveria usar, falei também que ele poderia economizar muito dinheiro se me desse uma oportunidade.

"Conheço muito bem as graxas lubrificantes. E tinha que conhecer, porque trabalhei numa refinaria de petróleo quando era criança. Aprendi o negócio do zero. Mostrei ao comprador que entendia muito mais de graxas lubrificantes do que ele e não conseguia entender por que ele não estava interessado. Então, certa noite, ouvi seu programa de rádio e, de repente, percebi por que não estava chegando a lugar nenhum: porque estava falando sem parar e mostrando tudo que eu sabia. Seu programa me deu a ideia de ser um bom ouvinte, deixar o outro homem falar a maior parte do tempo e analisar os problemas dele. Pensei no assunto por cerca de uma semana e depois fui à Borden mais uma vez. O diálogo foi assim:

– Sei que está ocupado, sr. Mohr, mas, quando o senhor tiver um minuto, gostaria de pedir sua opinião sobre uma coisa.

– Minha opinião? Sobre o quê?

– O senhor compra lubrificantes há muitos anos. Deve saber muito sobre os diversos tipos de graxa lubrificante.

– Escute, sr. Williams. Dois anos atrás, comecei a estudar todas as graxas para eixos do mercado, todas elas. Depois peguei os produtos de todas as empresas que dizem fabricar óleo e graxa e mandei nosso químico analisar tudo. Nenhum produto era o que nós queríamos. Então inventei uma nova graxa e, olha, ela é muito boa.

– Foi exatamente por isso que vim aqui, sr. Mohr. Achei que o senhor podia me ajudar.

– Ajudar você?

– Sim. Sei fazer graxas, mas não conheço as necessidades exatas de cada cliente. Por isso, vim perguntar quais são as coisas que o senhor desejaria em uma graxa para eixo perfeita.

– Bem, nós temos alguns problemas. Nossos vagões têm que ser silenciosos, passamos pelas ruas às duas ou três horas da manhã, quando as pessoas estão dormindo. Se fizermos muito barulho, alguém vai reclamar e criar problemas. Então, como eu disse, tivemos que criar nossa própria fórmula. Dê uma olhada nesta graxa aqui. É a que estamos usando agora.

– Estou vendo. É pesada o bastante para grudar bem, e ainda assim não escorre sobre as rodas.

– Isso mesmo. Parece fácil, mas foram necessários meses de trabalho árduo para obter a mistura certa.

– Parabéns, sr. Mohr. Mas suponha que eu forneça uma mistura idêntica à que o senhor está usando e que possa vendê-la mais barato.

– Você não vai conseguir fazer isso.

– Bem, talvez eu consiga. Não tenho muitas despesas gerais. Não tenho estenógrafo. Não tenho escritório chique. Não tenho executivos. Não faço publicidade. Se eu ganhar 1 centavo, é tudo puro lucro. Por que o senhor não me deixa levar uma amostra dessa graxa e dar um preço? Posso economizar muito dinheiro para o senhor.

– Tudo bem. Aqui, leve uma lata. Veja o que pode fazer.

O sr. Williams não só recebeu o pedido como também recebeu uma encomenda de graxa de caminhão que nem havia solicitado.

– Ganhei 1.200 dólares só com esse pedido – disse ele –, e isso é muito dinheiro para um peixe pequeno como eu.

Durante dois anos, o sr. Williams visitou aquele cliente a cada dois meses sem chegar a lugar nenhum. Por quê? Porque não estava pensando nos problemas do cliente. Estava pensando nos próprios problemas. Ele não estava pensando em quanto poderia fazer pelo comprador. Estava pensando em quanto dinheiro poderia ganhar vendendo para o comprador.

Muitos vendedores são assim. Por exemplo, certa vez um vendedor de seguros de vida me visitou. Ele falou sobre o que eu queria? Não, nem poderia ter feito isso, pois não se deu ao trabalho de descobrir quais eram meus problemas específicos. Começou me dizendo que estava participando de um concurso de vendas e, como queria ganhar o prêmio, esperava que eu fizesse um seguro para ajudá-lo. Depois passou a me dizer como sua empresa era segura e confiável.

Bem, o que ele poderia ter feito? Para começar, poderia ter dito: "Sinceramente, sr. Carnegie, não sei qual é a sua situação financeira. Não sei se o senhor precisa de mais seguros. Talvez já tenha muitos. Não sei. Mas não seria uma boa ideia nos sentarmos juntos, estudarmos o seu perfil financeiro e depois vermos se eu poderia ou não oferecer alguma sugestão que o ajude a enfrentar o futuro com segurança?" Não teria sido uma abordagem muito melhor?

Nem você nem eu queremos comprar nada. Se quiséssemos, sairíamos e faríamos isso. Mas todo mundo está interessado em resolver os próprios problemas. E vou repetir o que eu disse anteriormente: você pode não ser vendedor, mas pode usar esses princípios todos os dias, independentemente de ser mãe, professor, arquiteto ou dentista, pois todos nós tentamos o tempo todo convencer os outros da nossa forma de pensar. Ninguém gosta de sentir que estão lhe vendendo alguma coisa ou lhe dizendo para fazer seja o que for. Todos preferimos achar que estamos comprando e agindo de acordo com a nossa vontade. Gostamos de ser consultados sobre nossos desejos, nossas vontades e nossos pensamentos.

Vejamos o caso de um homem que conheço. Seu nome é Eugene Wesson. Ele perdeu milhares de dólares em comissões antes de aprender a mesma lição que o sr. Williams aprendeu.

O sr. Wesson era vendedor de um estúdio que criava projetos para fabricantes de tecidos. Ele me disse que passou três anos ligando uma vez por semana para um dos principais compradores de projetos de moda de Nova York. Esse comprador sempre dava uma olhada nos esboços do sr. Wesson, mas nunca comprava nenhum.

Por fim, o sr. Wesson percebeu que estava em uma rotina mental e que, se quisesse progredir, teria que dedicar uma noite por semana a estudar a arte de lidar com as pessoas. Certo dia, ele pegou meia dúzia de esboços inacabados. Em seguida, correu para o escritório desse comprador e disse:

– Olha, visitei você mais de 150 vezes para dizer o que eu achava que você deveria comprar. Mas aqui estão alguns esboços inacabados. O senhor se importaria de me dizer como poderíamos terminá-los de maneira a serem úteis para o seu negócio? Você sabe o que quer mil vezes melhor do que eu.

O comprador olhou para os esboços e disse:

– Tudo bem, Wesson, deixe os esboços comigo por uns dias e depois volte para conversarmos.

O sr. Wesson voltou no fim da semana, recebeu as sugestões do comprador, levou os esboços de volta ao estúdio e os finalizou de acordo com as ideias do comprador. O resultado foi que todos foram aceitos. O comprador também encomendou muitos outros esboços – todos desenhados conforme as ideias dele.

Durante três anos, o sr. Wesson visitou esse mesmo comprador uma vez por semana sem conseguir vender nada. Mas, assim que começou a descobrir o que o comprador queria e atendeu a seus interesses e problemas, ganhou 1.600 dólares em comissão em um ano.

Então façamos disso outra de nossas regras para vencer: se você quer fazer negócios com uma pessoa, descubra quais são seus problemas específicos e tente ajudá-la a resolvê-los.

Em vez de falar sem parar quando estamos conhecendo alguém, é mais proveitoso ouvir. Peça à pessoa que elabore o que está dizendo. Se estiver discutindo uma oportunidade de negócios, pergunte sobre o que funciona melhor e o que não funciona na área de negócios. Todos gostam de ter os próprios problemas resolvidos, e você será um membro providencial da equipe se oferecer soluções viáveis.

Pergunte a si mesmo: "Com que frequência passo o tempo em uma conversa pensando na próxima coisa a dizer em vez de ouvir o que a outra pessoa está dizendo? Com que frequência eu a interrompo?" Repito: o que as pessoas mais querem é serem ouvidas. Então escute.

21

Desperte confiança nos outros

Você conhece alguém a quem gostaria de ajudar e inspirar? Vou demonstrar uma regra quase infalível para despertar confiança em outras pessoas, de modo a estimulá-las a alcançar resultados que podem parecer absolutamente impossíveis.

Vou ilustrar o que quero dizer contando uma história sobre o famoso Connie Mack, do Philadelphia Athletics, um dos maiores empresários da história do beisebol. Em 1913, durante um jogo da World Series contra o New York Giants, o Athletics estava em uma situação difícil. Era a oitava entrada e o placar estava 5 a 4 contra eles. Dois homens estavam fora.

Harry Davis, capitão do time, que estava indo rebater, disse:

– Connie, precisamos um bom rebatedor substituto ali. Quem pode ser?

Mack correu os olhos pelo banco e viu um novato de olhos castanhos que parecia bem assustado. Mack decidiu dar ao jovem uma boa chance de se afirmar e disse, acenando para o novato:

– Você sabe muito bem que só há um cara em quem eu confiaria numa situação dessas.

O novato ouviu o que Mack disse e se encheu de confiança e determinação. Quer dizer que o grande Connie Mack dependia dele para ganhar o jogo? Bem, ele ia mostrar suas qualidades, ia ser determinante para a vitória. Logo depois, ele balançou o bastão, deu uma bela rebatida e fez o ponto da vitória.

O novato de olhos castanhos, a propósito, era Stuffy McInnis, que atendeu tão bem às expectativas de Connie Mack que acabou se tornando o primeira-base do Philadelphia Athletics e um valioso membro do campo interno de 100 mil dólares do Athletics, o mais famoso da história do beisebol.

Sei o que você está pensando: "Ah, essas coisas funcionam no beisebol. Mas como posso usar esse método para estimular e melhorar as pessoas com quem eu lido?"

Para responder a essa pergunta, quero falar sobre um homem que, usando esse mesmo método, realizou um milagre ao mudar uma vida humana. Esse homem é o sr. Bryson F. Kalt, secretário da Kalt Lumber Company, da cidade de Nova York.

A certa altura da vida, o sr. Kalt se interessou pelo trabalho social. Certo dia, um pastor foi até ele e disse:

– Um garoto que está no Hospital Bellevue precisa de ajuda. Ele só tem 15 anos, mas já tentou se matar três vezes. Na terceira, quase conseguiu. Mas acho que ele pode sair dessa se você o fizer querer viver.

– No início, eu não sabia o que fazer – disse o sr. Kalt. – Mesmo assim, peguei o nome e o endereço do menino e fui até o bairro onde ele mora. Conversei com todo mundo que o conhecia. Ele nunca teve nenhuma chance, sr. Carnegie. A família abusava dele. Ele nunca conheceu outra coisa além da pobreza e da revolta. Mas o que me deu esperança foi a gangue de garotos com a qual ele andava.

"Eram os caras mais durões que se poderia encontrar no East Side de Nova York. Mas eles me disseram que Danny, o garoto do hospital, era o mais durão de todos. Sem dúvidas poderia surrar qualquer um deles. Saber disso me deu tanta esperança que me encaminhei direto ao hospital e pedi para ver o menino."

Antes de se encontrar com Danny, o sr. Kalt conversou com a enfermeira de plantão. Ela disse:

– Ele tem chance de viver se quiser viver. Vamos vê-lo.

Quando entraram, Danny disse:

– O que quer? Eu não conheço você.

– Eu só queria dar uma boa olhada em você, Danny – disse o sr. Kalt.

– Em mim? Por quê?

– Eu queria ver um bom lutador depois que é derrotado. Quer dizer que você é o lutador mais durão do East Side?

– Quem te disse isso?

– Todo mundo no bairro. Red Riley ainda está cuidando do olho roxo que você deixou nele uma semana atrás.

– É mesmo? Cara, eu meti a porrada nele.

– Isso é o que eu não consigo entender, Danny.

– Como assim? Eu posso bater em qualquer garoto da região.

– Bem, eu não sei. Não vejo nenhum sinal de luta em você agora.

– Brigar com garotos é diferente de… ah, de que adianta? Você não ia entender.

– Quer dizer que lutar contra os garotos é diferente de lutar contra a vida?

– É, acho que sim.

– Quero te provar que não é, e posso fazer isso se você for comigo ao rodeio.

– Rodeio? Você quer dizer aquele circo com caubóis e cavalos selvagens?

– Isso mesmo. O rodeio vai chegar à cidade na próxima semana. Claro que você não estará forte o suficiente até lá.

– Não estarei, é? Olha só, se eu quiser…

– Se você quiser, claro. Se você não quisesse desistir…

– Quem é que quer desistir? Escuta, moço, se eu quiser, posso me levantar e andar agora mesmo!

– Ah, é? Bem, se você puder se levantar e caminhar daqui a uma semana, vamos ao rodeio.

– Sério? Isso não é uma piada, é?

– Pode apostar que não. Volto para vê-lo amanhã. De qual sabor de sorvete você gosta?

– Chocolate.

– Ok. E lembre-se do rodeio. Está combinado.

O garoto foi ao rodeio com o sr. Kalt. Depois eles foram tomar refrigerante.

– O rodeio foi muito divertido! – disse Danny. – Caramba, aqueles vaqueiros aguentam a parada!

– Claro que aguentam. Eles são durões.

– Cara, são mesmo. Você viu o cara alto com aquele chapéu enorme? Ele foi jogado no chão por um cavalo, depois montou em um cavalo sem sela e em um touro selvagem! Cara, ele é muito durão!

– É isso que você precisa aprender a ser, Danny – disse Kalt. – Aqueles vaqueiros são jogados no chão toda noite, mas voltam a montar na noite seguinte e conseguem montar o cavalo mais bravo das planícies.

– É, eles nunca desistem.

– É isso que você tem que aprender a fazer com a vida, Danny. Você nunca chegará a lugar algum se continuar tentando desistir.

– Acho que eu estava maluco, mas agora vai ser diferente. Não vou mais desistir. Você vai ver.

– Você pode começar a me mostrar amanhã de manhã.

– Amanhã de manhã?

– É, eu consegui um emprego para você.

– Um emprego!

– De office boy. Você pode trabalhar de dia e estudar à noite.

O sr. Kalt me disse:

– Duvido que qualquer lutador de boxe tenha se esforçado mais para merecer sua reputação de lutador do que Danny. Fui a primeira pessoa que mostrou confiança nele, e ele estava determinado a não me decepcionar. Daquela época em diante, nada poderia derrubá-lo. E hoje Danny Martin é meu melhor cliente.

"Danny Martin" não é o nome verdadeiro do garoto. Mais tarde, ele se tornou presidente de uma das maiores empresas dos Estados Unidos.

Se você quiser que uma pessoa desenvolva determinada característica, faça muitos elogios quando ela demonstrar a menor evidência dessa característica. Por exemplo, se você deseja influenciar um filho a ser mais asseado, aprove qualquer evidência de asseio que ele demonstre e seja sincero na aprovação. Elogie-o pela boa higiene na frente de outras pessoas. Em outras palavras, faça com que ele queira ser asseado.

A técnica também funciona com amigos e funcionários. Dê a eles uma reputação que desejem honrar, e eles farão todos os esforços para merecer seus elogios. Pois, como disse certa vez o falecido Samuel Vauclain, presidente da Baldwin Locomotive Works: "Você pode facilmente liderar uma pessoa comum se demonstrar a ela que tem um respeito sincero por sua capacidade em algum aspecto."

Vou dar mais um exemplo. Recebi uma carta de uma mulher de Stockbridge, Massachusetts, que ouvia meu programa e aplicava meus ensinamentos na vida cotidiana. O nome dela era Margaret French Cresson. Era escultora e filha do famoso escultor Daniel Chester French, que esculpiu a estátua de Abraham Lincoln que está no Lincoln Memorial, em Washington, D.C.

A sra. Cresson desconfiava que uma empregada de meio período a estava roubando. O que a sra. Cresson fez? Acusou a empregada? Mandou prendê-la? Não, ela disse à mulher:

– Sra. Smith, quero falar com você. Quero dizer quanto aprecio seu trabalho. Você mantém a casa muito arrumada e limpa, mas ultimamente, bem, tenho sentido falta de algumas coisas. Coisas pequenas, mas estou infeliz com isso. Não vou fazer nenhuma pergunta, mas, de agora em diante, vou colocar toda a responsabilidade deste estúdio em suas mãos e vou confiar totalmente em você.

O que aconteceu em consequência desse tratamento? Vou citar a carta da sra. Cresson. "A mulher não disse nada, mas o efeito foi incrível. Não só nunca mais sumiu nada como, desde aquele dia, ela passou a seguir meus passos. Ela resolvia coisas para mim na rua, remetia minhas cartas e fazia mil coisinhas para demonstrar sua gratidão."

Portanto, se você e eu quisermos desenvolver uma característica desejável em alguém que conhecemos, vamos nos lembrar desta regra de como vencer: dê à pessoa que você quer mudar uma boa reputação para honrar. Demonstre fé na capacidade dela de fazer o que você deseja que ela faça.

Recebi outra carta de um homem de Chicago que disse ter revolucionado completamente seus métodos de lidar com as pessoas. Seu nome era W. G. Wood, e ele era responsável pelos três armazéns da New York Central em Chicago.

Na carta para mim, ele disse que, além de estar muito mais feliz do que nunca, seu trabalho havia melhorado de um modo que ele não acreditaria ser possível algumas semanas antes. Uma afirmação bem forte.

– Tenho 149 pessoas trabalhando para mim nos armazéns da New

York Central que opero em Chicago – disse ele –, e nenhuma delas gostava de mim. Todas viravam as costas quando me viam chegando. Trabalhavam muito quando eu estava por perto, mas, no minuto em que eu saía, ficavam de mau humor. E durante oito anos me chamaram de "Wood, o senhor de escravos".

"Minha função era fazer os homens trabalharem e manter os custos operacionais baixos. Eu não me importava muito com a opinião dos homens, contanto que eu fizesse bem meu trabalho e agradasse os superiores."

Gritar com eles quando cometiam erros tornou mais eficientes os homens do sr. Wood?

– Bem, vamos falar de um cara que se chamava Mason, por exemplo – disse o sr. Wood. – Todas as vezes que eu brigava com ele por causa do carvão, ele ficava tão nervoso que, por algumas horas, mal conseguia firmar as mãos. Eu era como muitos chefes: não gostava de ser duro com os homens, mas achava que tinha que ser assim. Eu acreditava sinceramente que a intimidação era o único jeito de fazê-los trabalhar.

Deixar os homens tão nervosos que mal conseguiam trabalhar ajudou a reduzir os erros?

– Pelo contrário – comentou o sr. Wood. – Os erros aumentaram! Isso fez as despesas operacionais aumentarem também. Todos os nossos clientes estavam reclamando. A empresa não conseguia entender o que estava errado, e eu estava muito preocupado. Uma noite ouvi o programa em que você contou a história de Charles Schwab.

Foi a história de quando Charles Schwab encontrou alguns funcionários fumando bem embaixo de uma placa de "PROIBIDO FUMAR". Em vez de criticar os homens, conversou alegremente com eles por alguns minutos. Em seguida, deu-lhes alguns charutos e disse:

– Eu gostaria que vocês fumassem estes do lado de fora.

Devemos admitir que muitos chefes teriam apontado para a placa de "PROIBIDO FUMAR" e gritado: "Qual é o problema, vocês não sabem ler?"

– Tive que admitir para mim mesmo que também ficaria furioso – disse o sr. Wood. – E pensei: "Essa história do Schwab parece boa, mas eu gostaria de testar essa técnica na minha equipe."

O sr. Wood fez isso depois de receber uma carta de um dos melhores clientes da empresa dizendo que os armazéns estavam cometendo três erros por dia só com a empresa dele. Ele ameaçou entregar os negócios para outros armazéns.

– Eu tinha que fazer alguma coisa, e rápido – contou o sr. Wood. – Então, em caráter experimental, decidi mudar minhas táticas e elogiar os homens.

"O que aconteceu foi quase um milagre. Os custos operacionais caíram tão rapidamente em uma semana que eu nem acreditei. Meus homens costumavam cometer até seis erros dispendiosos por dia. Depois que iniciei a nova abordagem, eles não cometeram nem um erro durante três semanas. Além disso, eles costumavam enrolar quando terminavam um trabalho e apenas fingiam estar ocupados. Depois dessa mudança, passaram a ir direto ao meu escritório para me perguntar o que deviam fazer em seguida.

"E não me chamam mais de 'Wood, o senhor de escravos'. Agora me chamam de Bill e me tratam como se eu fosse um deles."

O que mudou na forma dele de tratar os funcionários?

– Antes – disse ele –, quando os homens trabalhavam bem, eu não falava nada. Agora faço de tudo para elogiar o bom trabalho que estão fazendo. Quando eles cometiam erros, eu explodia e ficava fulo de raiva. Agora apenas aponto os erros, e eles mesmos se corrigem. Eu nunca preciso fazer a mesma sugestão duas vezes. E outra coisa: quando um homem vinha a mim com uma ideia, ele não tinha coragem de dizer que a ideia era dele por medo de que eu a rejeitasse e o fizesse se sentir um tolo. Agora eu encorajo todas as ideias, quer possamos usá-las ou não. A consequência é que os homens estão pensando no trabalho e se orgulhando dos resultados.

O sr. Wood também recebeu elogios dos superiores.

– Os armazéns nunca funcionaram com tanta eficiência e economia desde que foram construídos. Naturalmente, agora eles têm mais consideração por mim do que nunca.

O falecido John Wanamaker, um dos comerciantes mais bem-sucedidos dos Estados Unidos, disse que aprendeu cedo na vida que era tolice repreender alguém. Um dia, quando estava percorrendo sua grande loja de departamentos na Filadélfia, ele viu um cliente esperando diante de um balcão. Os vendedores estavam amontoados na outra extremidade do balcão, rindo e conversando. Wanamaker se aproximou dos vendedores e disse "Por que vocês não estão atendendo os clientes? Eu pago vocês para ficarem aí conversando?"? Não. Sem dizer uma palavra, foi para trás do balcão, atendeu o cliente e entregou a mercadoria aos vendedores para ser embrulhada enquanto seguia seu caminho. Os vendedores entenderam o que ele quis dizer: eles sabiam que estavam errados e adoraram o fato de ele ter tido tato e consideração e poupado seus sentimentos.

Não há dúvida de que, se eu for seu empregado, você pode me fazer trabalhar mais me criticando e ameaçando me demitir. Vou trabalhar mais – até você virar as costas. Mas vale lembrar que censura e condenação constantes deixam a pessoa idiota e perplexa e, no fim das contas, destroem a confiança e a utilidade dela. Naturalmente, elas retribuirão com ódio e condenando você. Mas, se você quiser aumentar a utilidade e a capacidade das pessoas – e isso se aplica não apenas a funcionários como a todas as outras pessoas, inclusive crianças –, trate-as como se nunca errassem. Presuma que são capazes e responsáveis. E lembre-se: se não cometer erros de vez em quando, você não é humano. Vamos usar isso na nossa próxima regra de como vencer: para obter o melhor rendimento de uma pessoa, procure elogiá-la quando ela fizer um bom trabalho e ser gentil quando ela errar.

Vou citar o trecho de um livro agora: "Passei os melhores anos da minha vida dando às pessoas os prazeres mais simples e as ajudando a se divertir. Mas tudo o que recebo é violência e perseguição." Quem você acha que disse isso?

Al Capone, o famoso gângster de Chicago! Al Capone não se culpava por nada. Ele se considerava um benfeitor público incompreendido e desvalorizado.

A maioria dos gângsteres tem a mesma autoimagem. Dutch Schultz, antes de ser abatido em Newark, disse que era um benfeitor público. Também não estava brincando. Ele achava isso.

Troquei correspondências sobre esse assunto com Warden Lawes, do Centro Correcional de Sing Sing. Eis um trecho de uma de suas cartas: "Poucos criminosos em Sing Sing se consideram homens maus. Eles se acham tão humanos quanto você e eu. Então racionalizam, explicam. Eles podem dizer por que tiveram que arrombar um cofre ou ser rápidos no gatilho. A maioria tenta, por uma forma de raciocínio falaciosa ou lógica, justificar seus atos antissociais até para si mesmos, sustentando assim com firmeza que jamais deveriam ter sido presos."

A questão é que, se Dutch Schultz, Al Capone e os criminosos de Sing Sing não se culpam por nada, por que as pessoas que você e eu nos sentiremos tentados a criticar amanhã se culpariam? Precisei vagar por este velho mundo durante um terço de século antes de começar a me dar conta de que 99% das vezes nenhuma pessoa critica a si mesma por nada, não importa quanto possa estar errada.

Você já parou para pensar no efeito de uma crítica? Ela faz o crítico se sentir bem, pois ele descarrega todos os seus rancores e diz uma ou duas coisas ao outro indivíduo. Mas que efeito isso tem sobre quem a recebe? Naturalmente, ele se sente menos importante. Fica com o orgulho ferido. E isso leva a pessoa a querer criticá-lo também.

Quando Abraham Lincoln estava morrendo, seu secretário da Guerra, Edwin Stanton, apontou para ele e disse: "Ali jaz o mais perfeito governante que o mundo já viu."

Mas que métodos Lincoln usava? Ele se rendia às críticas? Você sabia que, quando Lincoln morava em uma fazenda em Buckhorn Valley, Indiana, ele tinha um vizinho chamado Crawford? O velho Crawford tinha um grande nariz vermelho. Lincoln não gostava dele. Por isso, escrevia poemas ridicularizando o nariz do homem e cartas criticando outros vizinhos. E largava essas cartas ao longo da estrada, onde com certeza seriam encontradas.

Trinta anos depois, por causa das críticas que Lincoln fez quando jovem, alguns desses vizinhos não votaram nele quando concorreu à presidência dos Estados Unidos. Mesmo depois que se tornou advogado, Lincoln escreveu uma carta a um jornal de Springfield criticando outro advogado. Mas ele fez isso com a pessoa errada. O homem ficou tão indignado que desafiou Lincoln para um duelo. Lincoln não poderia evitar o duelo sem comprometer a própria honra. Assim, ele encontrou o homem em um banco de areia no rio Mississippi, preparado para lutar até a morte.

No último minuto, a briga foi resolvida pacificamente. Foi uma lição para Lincoln. Daquele momento em diante, ele nunca mais criticou ninguém. Durante a Guerra Civil, a sra. Lincoln às vezes condenava o povo sulista. E

Lincoln dizia: "Não fale mal deles, mãe, pois faríamos exatamente a mesma coisa em circunstâncias semelhantes."

Nenhum outro homem na história norte-americana teve mais motivos para fazer críticas do que Abe Lincoln. Vou dar só um exemplo. Logo após a derrota de Robert E. Lee na batalha de Gettysburg, Lincoln viu uma excelente chance de ter uma vitória esmagadora. Assim, ordenou ao general George Meade que atacasse Lee imediatamente. Mas Meade não obedeceu às ordens. Em consequência disso, Lee escapou, e Lincoln imediatamente se sentou e escreveu uma carta dura para Meade, criticando-o por não obedecê-lo. Mas não enviou a carta. Ela foi encontrada no meio de seus documentos após sua morte. Imagino que, após escrever a carta crítica, Lincoln olhou pela janela da Casa Branca e pensou: "Qual é a utilidade de enviar isso? Não vai ajudar Meade a derrotar Lee. São águas passadas. Só vai levar Meade a me criticar, me condenar e a se justificar." Lincoln finalmente tinha aprendido a absoluta infutilidade da crítica e da condenação.

Portanto, a próxima vez que você ou eu nos sentirmos tentados a criticar alguém, podemos refletir: "O que Lincoln faria se estivesse no meu lugar?"

Você gostaria de criticar e mudar alguém que conhece? Bem, tenho uma sugestão que também acho importante. Lembre que há momentos em que certas críticas aos outros são necessárias. Ninguém nega isso. Mas, como disse Jesus vinte séculos atrás, e Confúcio, quinhentos anos antes de Jesus nascer: "Primeiro devemos nos aperfeiçoar." Sim, devemos nos aperfeiçoar antes. Devemos tentar descobrir por que as pessoas fazem o que fazem. Isso é muito mais lucrativo e intrigante do que uma crítica precipitada, além de gerar simpatia, tolerância e bondade.

As pessoas mudam a si mesmas. Podemos inspirá-las e encorajá-las, mas não podemos mudá-las. A partir do exposto, deve ter ficado claro que criticar alguém não o levará a ter o comportamento que busca. Podemos observar essa verdade em nossas próprias experiências, e ela é muito aplicável à nossa vida.

Pense em uma ocasião em que você foi criticado. Você decidiu fazer melhor da próxima vez? Em caso afirmativo, você decidiu fazer melhor para evitar ser criticado de novo? Ficou com o orgulho ferido? Você se sentiu bem consigo mesmo? Como se sentiu em relação à pessoa que o criticou? Depois, pense em uma ocasião em que alguém o elogiou. Você decidiu dar continuidade ao comportamento louvável? Como se sentiu em relação a si mesmo? Como se sentiu em relação à pessoa que o elogiou?

Essas perguntas simples nos dão a sabedoria de manter interações positivas. Na verdade, várias das minhas regras de ouro para o sucesso falam em engrandecer os outros em vez de diminuí-los. Elogie a menor melhoria e elogie cada melhoria. Seja sincero em sua aprovação e pródigo em seus elogios. Dê à outra pessoa uma boa reputação para honrar.

Crie o hábito de procurar e comentar os comportamentos positivos de todos ao seu redor. Isso os deixará felizes em conhecê-lo ou em trabalhar com você. Assim, todos vão querer que o convívio com você seja sempre o melhor possível.

CONHEÇA OUTROS TÍTULOS DO AUTOR

Como evitar preocupações e começar a viver

Um dos escritores mais influentes de todos os tempos, Dale Carnegie mostra neste livro como superar a angústia gerada pela preocupação constante – seja em relação à saúde, ao trabalho, aos relacionamentos ou ao próprio futuro.

Reunindo interessantes histórias, conselhos práticos e princípios valiosos que podem ser implementados de imediato, ele nos ensina a adotar uma atitude mental voltada para a ação, a eliminar a ansiedade e a lidar com os problemas de forma objetiva e serena.

"Este livro é uma coleção de receitas bem-sucedidas e testadas ao longo do tempo para remover a preocupação da nossa vida. Nosso problema não é a ignorância, mas a inatividade. O propósito deste livro é reformular, ilustrar, otimizar, modernizar e enaltecer muitas verdades antigas e elementares – e dar um empurrãozinho para que você finalmente as coloque em prática." – Dale Carnegie

Como falar em público e encantar as pessoas

"*Talvez você pense que falar em público é um perigo a ser evitado. Quando terminar de ler este livro, você saberá que é uma oportunidade que deve ser aproveitada com alegria e da melhor forma possível. Sua capacidade de se expressar com sinceridade e energia terá se transformado em um grande trunfo para sua carreira. O que você está prestes a aprender surtirá um efeito drástico não só na sua forma de se comunicar, mas também na forma como vê a si mesmo.*" – Dale Carnegie

Os ensinamentos de Dale Carnegie ganharam fama mundial e continuam a inspirar milhões de leitores não por apresentarem truques engenhosos, mas por valorizarem uma verdadeira conexão entre as pessoas.

Neste livro, ele parte desses mesmos princípios para ajudar você a preparar e organizar uma apresentação, seja ela de apenas cinco minutos diante de um grupo pequeno ou de meia hora para um auditório lotado.

Você vai descobrir o que é fundamental para entreter seus ouvintes e também para informá-los, persuadi-los e inspirá-los a agir motivados pela sua mensagem.

E talvez o mais importante de tudo: este livro vai lhe mostrar como perder o medo das apresentações orais de uma vez por todas.

CONHEÇA ALGUNS DESTAQUES DE NOSSO CATÁLOGO

- Augusto Cury: Você é insubstituível (2,8 milhões de livros vendidos), Nunca desista de seus sonhos (2,7 milhões de livros vendidos) e O médico da emoção
- Dale Carnegie: Como fazer amigos e influenciar pessoas (16 milhões de livros vendidos) e Como evitar preocupações e começar a viver
- Brené Brown: A coragem de ser imperfeito – Como aceitar a própria vulnerabilidade e vencer a vergonha (600 mil livros vendidos)
- T. Harv Eker: Os segredos da mente milionária (2 milhões de livros vendidos)
- Gustavo Cerbasi: Casais inteligentes enriquecem juntos (1,2 milhão de livros vendidos) e Como organizar sua vida financeira
- Greg McKeown: Essencialismo – A disciplinada busca por menos (400 mil livros vendidos) e Sem esforço – Torne mais fácil o que é mais importante
- Haemin Sunim: As coisas que você só vê quando desacelera (450 mil livros vendidos) e Amor pelas coisas imperfeitas
- Ana Claudia Quintana Arantes: A morte é um dia que vale a pena viver (400 mil livros vendidos) e Pra vida toda valer a pena viver
- Ichiro Kishimi e Fumitake Koga: A coragem de não agradar – Como se libertar da opinião dos outros (200 mil livros vendidos)
- Simon Sinek: Comece pelo porquê (200 mil livros vendidos) e O jogo infinito
- Robert B. Cialdini: As armas da persuasão (350 mil livros vendidos)
- Eckhart Tolle: O poder do agora (1,2 milhão de livros vendidos)
- Edith Eva Eger: A bailarina de Auschwitz (600 mil livros vendidos)
- Cristina Núñez Pereira e Rafael R. Valcárcel: Emocionário – Um guia lúdico para lidar com as emoções (800 mil livros vendidos)
- Nizan Guanaes e Arthur Guerra: Você aguenta ser feliz? – Como cuidar da saúde mental e física para ter qualidade de vida
- Suhas Kshirsagar: Mude seus horários, mude sua vida – Como usar o relógio biológico para perder peso, reduzir o estresse e ter mais saúde e energia

CONHEÇA OS LIVROS DE DALE CARNEGIE

Como fazer amigos e influenciar pessoas

Como evitar preocupações e começar a viver

Como fazer amigos e influenciar pessoas na era digital

Como falar em público e encantar as pessoas

Como se tornar inesquecível

Como desfrutar sua vida e seu trabalho

As 5 habilidades essenciais dos relacionamentos

Liderança

Escute!

Venda!

Para saber mais sobre os títulos e autores da Editora Sextante,
visite o nosso site e siga as nossas redes sociais.
Além de informações sobre os próximos lançamentos,
você terá acesso a conteúdos exclusivos
e poderá participar de promoções e sorteios.

sextante.com.br